## Spirituelle Kalender 2022

Lassen Sie sich fallen in die Arme Ihrer Seele und Sie sind das Sie-Sind-Bewusstsein. Das heißt, sie sind Gottes Glanz, denn Sie sind Licht. Spüren Sie die Liebe Gottes und der Engel und Erzengel. Seien Sie, und Sie sind Licht.
Und Gott berührt Sie.
Viel Freude mit dem Kalender und den Affirmationen.


*Zu meiner Person*:

Nach und während einer klassischen Ausbildung, einem Studium im geisteswissenschaftlichen Bereich und einer Dissertation, wurde der spirituelle Weg immer deutlicher für mich zum Leitstern meines Lebens in dieser Welt.
Die hohen Energien von Avalon, die die Druiden einst einsetzten, um heiliges Wissen zu verbreiten, kehren zurück, und in dieser Tradition steht sowohl diese Publikation, wie mein Leben im Licht der Einheit.
Merlin, der aufgestiegene Meister, der ich bin, hat in der neuen Zeit die Aufgabe, mit den Menschen an dem Aufstiegsprozess zu arbeiten und sie daran zu erinnern, dass sie das hohe Liebesbewusstsein Gottes sind.

Namasté.

# Schulferien

| | Winter | Ostern | Pfingsten | Sommer | Herbst | Weihnachten |
|---|---|---|---|---|---|---|
| Baden-Württemberg | - | 14.04. + 19.04. - 23.04. | 07.06. - 18.06. | 28.07. - 10.09. | 31.10.+ 02.11. - 04.11. | 21.12. - 07.01. |
| Bayern | 28.02. - 04.03. | 11.04. - 23.04. | 07.06. - 18.06. | 01.08. - 12.09. | 31.10. - 04.11. + 16.11. | 24.12. - 07.01. |
| Berlin | 29.01. - 05.02. | 07.03. + 11.04.- 23.04. | 27.05. + 07.06. | 07.07. - 19.08. | 24.10. - 05.11. | 22.12. - 02.01. |
| Brandenburg | 31.01. - 05.02. | 11.04, - 23.04. | - | 07.07. - 20.08. | 24.10. - 05.11. | 22.12. - 03.01. |
| Bremen | 31.01. - 01.02. | 04.04. - 19.04. | 27.05. + 07.06. | 14.07. - 24.08. | 17.10. - 29.10. | 23.12. - 06.01. |
| Hamburg | 28.01. | 07.03. - 18.03. | 23.05. - 27.05. | 07.07. - 17.08. | 10.10. - 21.10. | 23.12. - 06.01. |
| Hessen | - | 11.04. - 23.04. | - | 25.07. - 02.09. | 24.10. - 29.10. | 22.12. - 07.01. |
| Mecklenburg-Vorpommern | 05.02. - 17.02. + 18.02. | 11.04. - 20.04. | 27.05. + 03.06. - 07.06. | 04.07. - 13.08. | 10.10. - 14.10. + 01.11.- 02.11. | 22.12. - 02.01. |
| Niedersachsen | 31.01. - 01.02. | 04.04. - 19.04. | 27.05. + 07.06. | 14.07. - 24.08. | 17.10. - 28.10. | 23.12. - 06.01. |
| Nordrhein-Westfalen | - | 11.04. - 23.04. | - | 27.06. - 09.08. | 04.10. - 15.10. | 23.12. - 06.01. |
| Rheinland-Pfalz | 21.02. - 25.02. | 13.04. - 22.04. | - | 25.07. - 02.09. | 17.10. - 31.10. | 23.12. - 02.01. |
| Saarland | 21.02. - 01.03. | 14.04. - 22.04. | 07.06. - 10.06. | 25.07.- 02.09. | 24.10. - 04.11. | 22.12. - 04.01. |
| Sachsen | 12.02. - 26.02. | 15.04. - 23.04. | 27.05. | 18.07. - 26.08. | 17.10. - 29.10. | 23.12. - 01.01. |
| Sachsen-Anhalt | 12.02. - 19.02. | 11.04. - 16.04. | 23.05. - 28.05. | 14.07. - 24.08. | 24.10. - 04.11. | 21.12. - 05.01. |
| Schleswig-Holstein | - | 01.04. - 16.04. | 27.05. - 28.05. | 04.07. - 13.08. | 10.10. - 21.10. | 23.12. - 07.01. |
| Thüringen | 12.02. - 19.02. | 11.04. - 23.04. | 27.05. | 18.07. - 27.08. | 17.10. - 29.10. | 22.12. - 03.01. |

*Informationen und weitere Hinweise:*
www.christian–huels.de
*Blog*: spirit.fotografie–huels.de

*Bibliografische Information der Deutschen Nationalbibliothek:*
Die Deutsche Nationalbibliothek verzeichnet diese Publikation in der Deutschen Nationalbibliografie; detaillierte bibliografische Daten sind im Internet über www.dnb.de abrufbar.

*Herstellung und Verlag*:
BoD – Books on Demand, Norderstedt
ISBN  9783755736608

# Feiertage 2022

Neujahr - Samstag, 01. Januar 2022
Heilige 3 Könige - Donnerstag, 06. Januar 2022
Mariä Lichtmeß - Mittwoch, 02. Februar 2022
Valentinstag - Sonntag, 14. Februar 2022
Weiberfastnacht - Donnerstag, 24. Februar 2022
Rosenmontag - Montag, 28. Februar 2022
Fastnacht - Dienstag, 01. März 2022
Aschermittwoch - Mittwoch, 02. Februar 2022
Frühlingsanfang - Sonntag, 20. März 2022
Mariä Verkündigung - Donnerstag, 25. März 2022
Palmsonntag - Sonntag, 10. April 2022
Gründonnerstag - Donnerstag, 14. April 2022
Karfreitag - Freitag, 15. April 2022
Ostersonntag - Sonntag, 17. April 2022
Ostermontag - Montag, 18. April 2022
Maifeiertag - Sonntag, 01. Mai 2022
Muttertag - Sonntag, 08. Mai 2022
Christi Himmelfahrt - Donnerstag, 26. Mai 2022
Pfingstsonntag - Sonntag, 05. Juni 2022
Pfingstmontag - Montag, 06. Juni 2022
Fronleichnam - Donnerstag, 16. Juni 2022
Sommmeranfang - Dienstag, 21. Juni 2022
Mariä Himmelfahrt - Montag, 15. August 2022
Herbstanfang - Freitag, 23. September 2022
Tag der deutschen Einheit - Montag, 03. Oktober 2022
Reformationstag - Montag, 31. Oktober 2022
Allerheiligen - Dienstag, 01. November 2022
Volkstrauertag - Sonntag, 13. November 2022
Buß- und Bettag - Mittwoch, 16. November 2022
Totensonntag - Sonntag, 20. November 2022
1. Advent - Sonntag, 27. November 2021
Winteranfang - Mittwoch, 21. Dezember 2021
Heiligabend - Samstag, 24. Dezember 2022
1. Weihnachtstag - Sonntag, 25. Dezember 2022
2. Weihnachtstag - Montag, 26. Dezember 2022
Silvester - Samstag, 31. Dezember 2022
Neujahr - Sonntag, 01. Januar 2023

Gott lenkt, und wenn wir uns ganz dem Weg öffnen, können wahre Wunder des Eins-Seins geschehen.
Und wir sprechen:
Gott, bitte öffne die Tore zum Himmel. Hebräisch: Sha 'areh Ora. Und ich bin, der ich bin.
Ba Ra Sekhem, um dies ägyptischzu betonen, und die Tore zum Himmel öffnen sich.
Ba Ra Sekhem.
Wir spüren die Liebe Gottes, und sie heilt.
Und wir sind Licht.
Und in Wahrheit sind wir diese Liebe, spüren wir sie in uns, und wir sind Leben.
Spüren wir sie in Allem, was ist, und wir sind Licht.
Und wir verbinden uns mit Gott, der wir in Wahrheit sind.
Ba Ra Sekhem, und wir sind Licht.
Und die Engel Mächte & Throne wirken in uns, und wir öffnen uns, wie die Blume zum Licht für Gott und seine Gnade und unendliche Güte.
Ba Ra Sekhem. Und ich bin, der ich bin.
Ba Ra Sekhem.

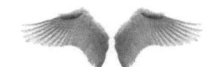

Montag 27. Dezember

Dienstag 28. Dezember

*Lassen wir die Liebe Gottes durch uns wirken.*
*Zum höchsten Wohle Aller, und wir sind Licht.*
*Ägyptisch: Ba Ra Sekhem, und die Erde ist Licht*
*und in Wahrheit sind wir auch dies, Lady Gaya,*
*und wir sind Licht.*
*Und Gott, der wir in Wahrheit sind, lenkt.*
*Und wir steigen in seiner Gnade auf in die höchs-*
*ten Reiche, die wir in Wahrheit auch sind; sie zu*
*erleben und auf diesem Planeten zu erledigen,*
*heißt, sich ganz dem Licht und der Liebe Gottes*
*zu öffnen. Und wir sind die Liebe Gottes.*
*Lassen wir sie erneut wirken in uns, in unserem*
*Körper, lassen wir sie strömen, und unsere Hand-*
*chakren aktivieren sich, so sie dies noch nicht sind,*
*und wir sind Licht.*
*Und die Liebe Gottes heilt.*
*Durch uns fließt Licht zu Anteilen in uns, die Hei-*
*lung brauchen, und wir sind Licht.*
*Und wir spüren die Liebe Gottes in uns.*
*Und wir sind Licht.*
*Ba Ra Sekhem. Und wir sind Leben.*

Notizen

Mittwoch **29.** Dezember

Donnerstag **30.** Dezember

Freitag **31.** Januar           Silvester

Samstag **01.** Januar           Neujahrstag

Sonntag **02.** Januar

Wir sind in Wahrheit Gott selber, und alles ist in Gott enthalten. Gott ist reine Liebe und Gnade, und so wir in der Reinform, und sie fließt zu euch.
Öffnet euch für Gott selber, und wir sprechen:
Gott, bitte öffne die Tore zum Himmel, damit ich aufsteige in mein reinstes und höchstes Bewusstsein und mein höchstes Sternenleben.
Ägyptisch betonen wir:
Ba Ra Sekhem. Und die Erde ist Licht.
Unser Sternenleben heilt, und wir spüren, wer und wie wir auf anderen Planeten sind, und unser hellstes Sternenwissen wird uns integriert, wenn wir darum bitten.
Zum Beispiel durch folgende Bitte:
Gott, bitte lenke Du, lass mich Deine Liebe spüren. Lass mich nun mein hellstes Sterneleben anschauen und mein Wissen wieder integrieren, das ich so lange verbarg.
Ba Ra Sekhem, um dies zu betonen, und ich danke Dir von Herzen. Ba Ra Sekhem.
Und die Engel, Mächte & Throne wirken, und helfen bie der Integration. Ba Ra Sekhem.

Notizen

1. KW     03.-09. Januar 2022

Montag 03. Januar

Dienstag 04. Januar

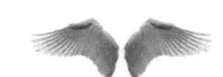

Mittwoch 05. Januar

Donnerstag 06. Januar          Heilige Drei Könige

*Des Menschen Wille ist sein Himmelreich, und Gott heilt.*
*Er oder sie ist unendliche Gnade.*
*Und so wird Euch Euer Himmel geöffnet, wenn Ihr darum*
*bittet.*
*Bittet weise: Sha` areh ora, sha` areh ora, sha` areh ora.*
*Und die Türen zum Himmel öffnen sich. Ba Ra Sekhem.*

Notizen

Freitag 07. Januar

---

---

---

---

---

---

---

Samstag 08. Januar

---

---

Sonntag 09. Januar

---

---

Montag **10.** Januar

Dienstag **11.** Januar

*Bittet einmal weise: Ich bin Liebe, ich bin Wille, ich bin der ich
bin, und ich bin Liebe.
Ich manifestiere aus dem höchsten Bewusstsein, dass ich
Liebe bin zu allen Zeiten, und in Liebe, jetzt.
Spürt die Liebe Gottes, und sie ist reines Wissen und Gnade,
und sie heilt.
Ba Ra Sekhem.*

Notizen

Mittwoch 12. Januar

Donnerstag 13. Januar

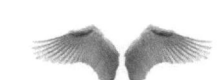

Freitag 14. Januar

Samstag 15. Januar

Sonntag 16. Januar

*Gabriel ist die Macht Gottes, sein Name bedeutet, gleißendes Licht, Gott selber. Ba Ra Sekhem, und Gott heilt in uns. So sind wir die Engel und Erzengel, so wie auch Metatron und Erzengel Gabriel. Spürt die Liebe Gottes, die durch Erzengel Gabriel verkündet wird. Ba Ra Sekhem. Ihr könnt sprechen: Ich bin Licht, ich bin Liebe, ich bin Wille, und ich bin Leben, ich manifestiere aus dem höchsten Bewusstsein, dass ich Liebe bin.*
*Wahres All-Eins-Sein sei, und ich bin Licht.*
*Spürt Erzengel Gabriel und Metatron und seid, denn Ihr seid Licht. Ba Ra Sekhem.*

*Gabriel & Metatron*

Notizen

Montag 17. Januar

Dienstag 18. Januar

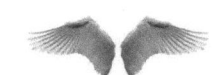

Mittwoch **19.** Januar

Donnerstag **20.** Januar

*Merlin, der aufgestiegene Meister heilt Euer drittes Auge. Er verbindet Euch mit Eurem hellsten und reinsten Wissen aus allen leben. Bittet ihn und Gott darum, nun dieses Wissen zu integrieren.*

*Und Gott öffnet die Tore zu mHimmel und Euer Wissen heilt. Und Ihr seid Licht, Ba Ra Sekhem, um dies ägyptisch zu betonen.*

*Merlin und Gott selber heilen Euer drittes Auge, und Eure Seele heilt von alten Verletzungen, die Ihr einst in Kauf nahmt, um auch die Dunkelheit zu erspüren. Sie ist in Wharheit Licht und eine Illusion. Und die Schleider dieser Illusion weichen in Euch, so dies auch der Wille Gottes ist, und dies ist er. Ba Ra Sekhem, und Ihr seid, die Ihr seid.*

*Spürt die Liebe Gottes, und sie heilt auch Euer drittes Auge.*

*Und auch die anderen Meister des Lichtes helfen Euch, wie Kuthumi, Merlin, St. Germain, Lady Nada, Jesus Sananda, Serapis Bey, Kuan Yin, White Eagle, und die weiße Bruderschaft des Lichtes heilt Euch von Sternenleben, die dem Licht nicht dienten. Spürt sie, diese Bruderschaft des Lichtes. Und Erleuchtung sei, Ba Ra Sekhem, um dies ägyptisch zu betonen.*

Notizen

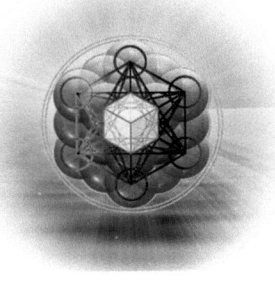

Freitag 21. Januar

Samstag 22. Januar

Sonntag 23. Januar

Montag 24. Januar

Dienstag 25. Januar

Kuthumi, der aufgestiegene Meister stellt sich vor. Er ist Licht und unendliche Gnade. Er ist die Fülle und Weisheit, die Ihr Euch auf dem Planeten erwünscht, wenn Ihr Euer Leben heilt und durch Gottes Willen die Aufstiegsprozesse unternehmt. In Euch und um Euch ist Licht, und Ihr seid Leben. Spürt die Liebe Gottes und des Meisters Kuthumi, der Euch die Krone und den Baum des Lebens in die Einheit rückt, so dies noch nicht geschehen ist und Euer drittes Auge heilt. Ba Ra Sekhem, um dies ägyptisch zu betonen.

Kuthumi

Notizen

Mittwoch **26.** Januar

---

Donnerstag **27.** Januar

Freitag **28.** Januar

Samstag **29.** Januar

Sonntag **30.** Januar

So verbinde Dich mit der Kraft Gottes, zum Beispiel durch folgende Affirmation:
Ich bin Licht, ich bin Liebe, ich bin Wille, ich bin Leben, und ich bitte Gott mir seine Macht zu geben. Ba Ra Sekhem. Ich bin Licht.
Spürt und die Liebe Gottes umfängt Euch.
Ba Ra Sekhem.

Merlin & Kuthumi

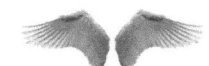

Notizen

5. KW    31.- 06. Februar 2022

Montag 31. Februar

Dienstag 01. Februar

Mittwoch 02. Februar

Donnerstag 03. Februar

*Die Aufstiegsenergien sind sehr hoch. Sie erlauben, hohes Wissen und Fähigkeiten wieder zu integrieren. So sind wir Licht. Wir spüren dies Fähigkeiten, und wir sind Licht. Ba Ra Sekhem.*

*Und Gott lenkt in uns, so dass wir die Seele und da höchste Selbst integrieren, zum Beispiel durch folgende Bitte:*
*Gott, bitte heile mein Innen, lass mich tiefer mit Dir, der Seele, den Engeln und Erzengeln, meinem Höchsten Selbst in mir verschmelzen, lass mich tiefer die Liebe der Seele spüren, und ich bin Licht, und ich bin, der ich bin. Ba Ra Sekhem. Und wir fühlen die Einheit in uns. Und unser Leben ist in der Fülle Gottes, und sie heilt uns. Ba Ra Sekhem, und Gott heilt uns. Ba Ra Sekhem erneut. Und wir sind, die wir sind.*
*Ba Ra Sekhem.*

Notizen

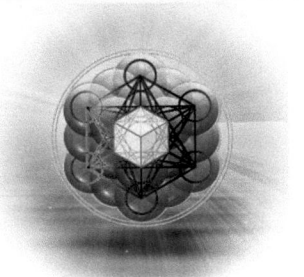

Freitag **04.** Februar

Samstag **05.** Februar

Sonntag **06.** Februar

## Montag 07. Februar

## Dienstag 08. Februar

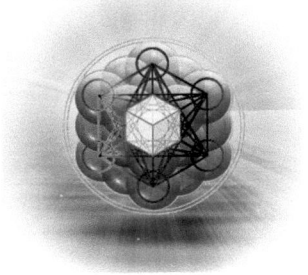

*Ba Ra Sekhem heißt, wir sind Licht. Und ich bin Leben. Die ägyptischen Worte meinen, dass wir Licht und Liebe sind, und reiner Ba. Dies meint, in uns gibt es keine Trennungen und Trennlinien, und so bekunden wir dies:*

*Wir sind Ba Ra Sekhem, und spüren die Macht und die Gnade des All-Einen. Und wir sind Licht.*

*Ba Ra Sekhem. Und die Erde ist Licht.*

*Und die Erde ist ein lebendiges Gebinde, es darf in Liebe erlebt werden, und wir sind Licht, dies dürfen wir sagen.*

*Verbinden wir uns tiefer mit Gott und der Seele, denn diese ist unendliche Liebe und Gnade, und wir sind diese Seele, Licht und Frieden. Ba Ra Sekhem.*

*Und wir sind Gott selber. Ba Ra Sekhem erneut.*

Notizen

Mittwoch 09. Februar

Donnerstag 10. Februar

Freitag **11.** Februar

Samstag **12.** Februar

Sonntag **13.** Februar

Und wir lösen unser Karma komplett, indem wir Gott und die Engel bitten, alles Karma aus Vorleben und diesem Leben nun zu klären. Alle karmischen „Chips und Implantate" weichen, und wir sind Licht. Wir lösen den karmischen Rat in uns, wenn wir in Liebe und Frieden Gott dienen, und wir sind Licht.

Gott, bitte heile mein Karma aus allen Leben, lass mich Deine Liebe spüren und sie leben, denn ich bin Licht, und ich bin Wille und Weisheit, und ich bin, der ich bin.

Und ich mainfestiere aus dem höchsten Bewusstsein in Liebe, jetzt, dass ich Licht und Liebe bin, und Gott selber, und ich erlaube mir das Channeln in der Reinheit des göttlichen Bewusstseins, und ich bin das Ich-Bin-Bewusstsein.

Und ich bin Licht.

Ich bitte nun Gott, der ich in Wahrheit selbst bin, mein Karma auf diesem Planeten und, so erlaubt, auf anderen, zu lösen, und ich bin, der ich bin.

Gott, bitte erlaube mir, in Liebe dies Karma zu lösen, und alle Eide, Bünde und Pakte weichen, alle Treueide über den Tod hinaus, die dem Licht nicht dienen, alle Sektenmitgliedschaften lösen sich, die jemals gelebt wurden, und ich bin Licht, dies dürfen wir sagen.

Notizen

7. KW    14. - 20. Februar 2021

Montag 14. Februar          Valentinstag

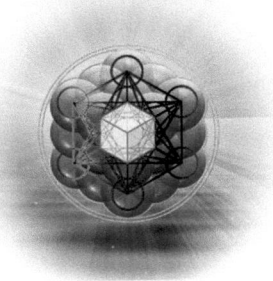

Dienstag 15. Februar

Mittwoch **16.** Februar

Donnerstag **17.** Februar

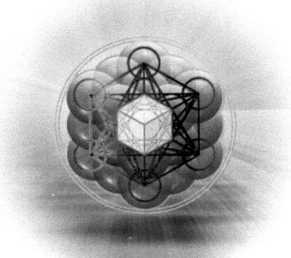

Gott ist unendliche Liebe und Gnade. Und wir sind Liebe.
Ich bin Licht, ich bin Liebe, Wille und Weisheit, und ich manifestiere aus dem höchsten Bewusstsein, dass ich Liebe bin.

Ba Ra Sekhem. Ägyptisch: Hohe Seele, Höchstes Selbst, Bewusstsein, Lebenskraft, und wir sind Licht.
Wir sind Ba Ra Sekhem.
Und wir heilen erneut im Licht Gottes, denn wir sind Leben.

Und so lösen wir alle Versprechen an die Dunkelheit, die wir jemals gegeben haben, und wir sind Licht. Ba Ra Sekhem, und die heilige Barke leuchtet, und wir sind Licht. Ba Ra Sekhem.

Bitte Gott, erlasse mir erneut mein Karma, und ich bin Licht. Spüren wir, zu wieviel Prozent uns nun unser Karma erlassen wurde? Lassen wir es uns zeigen.
Sollte es uns noch nicht zu 100 % erlassen worden sein, so bitten wir in tiefer Liebe die Engel und Erzengel zu Hilfe, wenn wir eine Energieversöhnung sprechen...

[Siehe Seite 56 – sie kann mehrfach und häufiger wiederholt werden.]

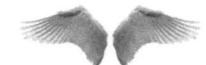

Notizen

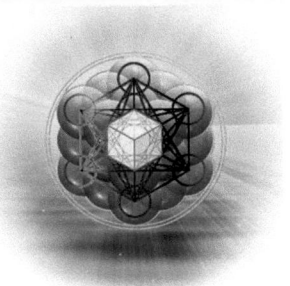

Freitag **18.** Februar

Samstag **19.** Februar

Sonntag **20.** Februar

Montag 21. Februar

Dienstag 22. Februar

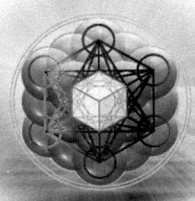

Ich begrüße die Seele(n), mit der oder denen eine Energieversöhnung ansteht in Liebe.

Ich vergebe Dir all das, was Du mir je angetan hast in allen Inkarnationen, in Liebe.

Ich bitte Dich um Vergebung, für das, was ich Dir je angetan habe in allen Inkarnationen, in Liebe.

Ich vergebe mir selbst, für das, was ich getan oder nicht getan habe in allen Inkarnationen, in Liebe.

Ich gebe Dir nun all Deine Energien, Dinge und Fähigkeiten aus allen Dimensionen der Zeit zu Dir zurück.

Ich bitte darum, dass auch der Heilige Gral wirkt, in den ich Euch einweihe, sowie die Kraft der Isis. Ich nehme nun all meine Energien, Dinge, Selbstermächtigung und Fähigkeiten aus allen Dimensionen der Zeit zu mir zurück. Auch hier bitte ich um die Kraft der Isis, und um die Kraft des Heiligen Grals, in den ich „tauche". Ich bitte den Erzengel Michael, alle Verträge, alle Eide, Schwüre, Gelübde, Waffenbrüderschaften, Eheversprechen (über den Tod hinaus) zwischen uns, Schweige-, und Keuschheitsgelübde aufzuheben. Ich bitte den Erzengel Michael, nun alle Verstrickungen zwischen uns, aus allen Dimensionen der Zeit zu lösen. Ich bitte die Engel, Heilenergien in alle Situationen, in alle Dimensionen der Zeit fließen zu lassen, wie es nun dem höchsten Wohle Aller entspricht. Ich bedanke mich bei der göttlichen Ur-Quelle, den Engeln und geistigen Führern und Lehrern, dem Erzengel Michael, bei den Seelen und unseren Schutzengeln.

Energiever-
söhnung

Notizen

Mittwoch 23. Februar

Donnerstag 24. Februar

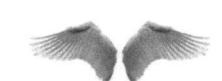

Freitag 25. Februar

Samstag 26. Februar

Sonntag 27. Februar

Ist uns unser Karma nun zu weiterer Prozent vergeben? Bitten wir Gott erneut um Gnade, und wir sind Licht. Wir sind Geist, Bewusstsein, Lebenskraft und -fülle. Wir sind Ba Ra Sekhem.

Und die Engel und Erzengel heilen uns.
Wir erlösen uns aus allen „dunkel" geschöpften Realitäten, die unserem Licht und dem hohen Ba der Einheit nicht dienen.

Wir sprechen zum Beispiel:
Ich bin Licht, Liebe und Wille, ich bin Gott selber, und ich channel in der Reinheit des göttlichen Bewusstseins, ich bin, der ich bin.
Ich löse alle Verträge mit der Dunkelheit, ich bin Licht. Ich löse alle Seelenverträge erneut, und ich bin, der ich bin. Ich erlöse alle Eide, Bünde und Pakte, und ich bin auch Erzengel Michael, den ich rufe.
Bitte, geliebter Erzengel Michael, erlöse die Bünde und Treueeide und die Verstrickungen mit allen Seelen, denen ich geschadet habe oder denen ich negative Energien sandte. Ich danke Dir von Herzen.

Notizen

Montag 28. Februar        Rosenmontag

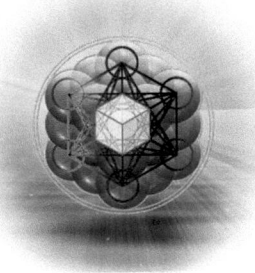

Dienstag 01. März

Mittwoch **02.** März          Aschermittwoch

Donnerstag **03.** März

*Wir sind Leben. Und wir manifestieren, dass wir Licht und Liebe sind.*
*Wir sprechen:*
*Ba Ra Sekhem, und ich bin Licht.*
*Ich bitte Gott selber, mich zu erleuchten und Erzengel Raziel, mein drittes Auge zu öffnen und zu klären.*
*Ich bitte Kuthumi, den aufgestiegenen Meister, mein Sein zu durchströmen. Ich bin Licht.*
*Der Meister heilt unser drittes Auge, und Erzengel Raziel wirkt. Und auch die Krone heilt.*
*Ba Ra Sekhem.*
*Und wir sind, die wir sind.*
*Ba Ra Sekhem.*
*Lasst dies wirken.*
*Und in der Einheit gibt es keine Trennungen.*

*Meister Kuthumi*

Notizen

Freitag 05. März

Samstag 06. März

Sonntag 07. März

Montag 07. März

Dienstag 08. März

*Erzengel Raphael, ich bitte Dich, heile mein
physisches Sein, ich bitte Dich, mich mit göttlicher All-Liebe
zu heilen und mein Sein zu klären.
Ich bitte dich, geliebter Erzengel Raphael, lass mich Deine
Liebe spüren.
Ich bin Licht.
Ich bin Liebe, ich bin Wille, ich bin Gott selber, und ich mani-
festiere, dass ich Licht und Liebe bin, ägyptisch: Ba Ra Sek-
hem.
Und Erzengel Raphael, bitte heile auch mein
limbisches System, meine DNA, mein ganzes
physisches Sein erneut.
Bitte stelle meine göttliche Gesundheit wieder her.
Ich danke Dir von Herzen.*

*Spürt die Liebe Gottes, und Ihr seid Licht.*

*Erzengel Raphael*

Notizen

Mittwoch **09.** März

Donnerstag **10.** März

Freitag **11.** März

Samstag **12.** März

Sonntag **13.** März

*Spürt die Liebe Gottes in Eurem Herzen, und die Erzengel helfen.*

*Ich bitte Dich, Gott, lass mich Deine Liebe spüren, und von nun an jeden Tag erneut.*

*Ich bin Liebe, ich bin Wille, ich bin Weisheit, ich bin Gott selber. Und ich manifestiere aus dem höchsten Bewusstsein, dass ich Liebe bin.*

*Ba Ra Sekhem, und die Einheit stets in mir zu erleben. Und ich bin, der ich bin.*

*Ba Ra Sekhem.*

*Und ich bin Licht.*

*Ich danke Gott und den Engeln und Erzengeln von Herzen.*

Notizen

11. KW    14. - 20. März 2022

Montag **14.** März

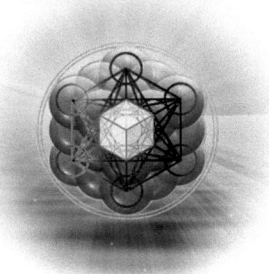

Dienstag **15.** März

Mittwoch **16.** März

Donnerstag **17.** März

*Erzengel Metatron, ich bitte Dich, mich zu heilen, und ich bin Licht.*
*Lass mich Deine Liebe und Deinen Willen spüren.*
*Lass mich Deine Geometrie nutzen und damit heilen. Auch andere, wenn dies erlaubt ist.*
*Ich bin Liebe, ich bin Licht, ich bin Wille, ich bin Gott selber, und ich manifestiere aus dem höchsten Bewusstsein, jetzt, dass ich Liebe bin. Ich bin, der ich bin.*
*Ba Ra Sekhem, um dies ägyptisch zu sagen.*
*Ich bin Licht.*

*Erzengel Metatron & Kuthumi*

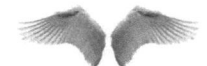

Notizen

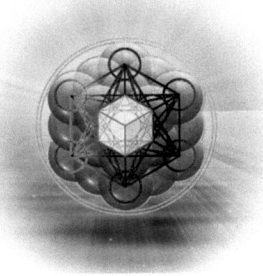

Freitag **18.** März

Samstag **19.** März

Sonntag **20.** März

12. KW    21 - 27. März 2022

Montag 21. März

Dienstag 22. März

*Geliebter Erzengel Metatron, heile mich erneut.*
*Ich bitte Dich in Liebe, mein Bewusstsein integrieren zu*
*dürfen, und ich bin Licht.*
*Ich bin Liebe, ich bin Gott selber, und ich manifestiere aus*
*dem höchsten Bewusstsein, dass ich Liebe bin. Und ich bin,*
*der ich bin.*
*Ba Ra Sekhem, ägyptisch, Geist/Hohe Seele/Höchstes Selbst,*
*Bewusstsein – Ra, Lebenskraft und -fülle. Und ich bin Licht.*

*Ich bitte Dich nun, geliebter Erzengel Metatron, die heilige*
*Geometrie wirken zu lassen an meinem Ort, in meimem*
*Umfeld, in meiner Aura, und dort wo es nun erlaubt ist.*

*Lass mich Deine Liebe spüren, und ich bin, der ich bin. Und*
*in Wahrehit bin ich Gott selber, und ich erlaube mir, es zu*
*spüren. Und ich bin Licht. Geliebter Erzengel Metatron, lass*
*all mein Sein durch Deine Gemoetrie klären und heilen, alle*
*Energien, die von anderen stammen, lass sie reinigen im*
*Licht der Einheit und durch den Würfel Meatrons. Und ich*
*bin Licht. Und ich bin Gott selber. Ba Ra Sekhem.*

*Gott und Metatron, ich danke Euch.*

*Erzengel Metatron*

Notizen

Mittwoch **23.** März

Donnerstag **24.** März

Freitag **25.** März

Samstag **26.** März

**Sonntag 27.** März          Beginn der Sommerzeit

*Lass mich fühlen, wie liebevoll ich bin, und ich bin Licht.*
*Gott, ich danke Dir.*
*Denn ich bin Licht.*
*Die Erzengel heilen mich, wenn ich darum bitte, und so dies*
*Gottes Wille ist.*
*So kann Erzengel Metatron sehr viel Transzendenz bewirken,*
*und den Ba der Einheit wieder herstellen. Wir können bitten:*
*Ich bitte Dich, geliebter Erzengel Metatron, erhöhe mein*
*Sein. Verbinde mich mit Gott selber, und verbinde mich mit*
*Deiner Kraft. Heile auch meinen Körper mit den heiligen*
*Geometrien, so wie ich den Erzengel Raphael in tiefer Liebe*
*darum bitte, und lass mich Deine Liebe spüren.*
*Ich bin Licht.*
*Es gibt keine Trennungen, sie sind Illusionen. So sind wir*
*Licht.*

*Erzengel Metatron*

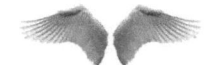

Notizen

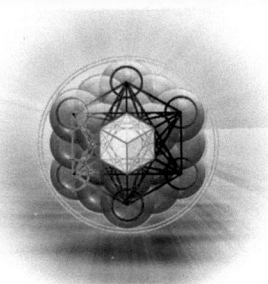

Montag 28. März

Dienstag 29. März

Mittwoch **30.** März

Donnerstag **31.** April

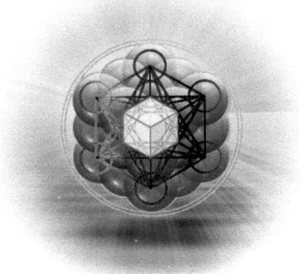

*Erzengel Metatron, ich bitte Dich, geliebter Erzengel, verbinde mich mit Deiner Macht und Klarheit, und ich bin, der ich bin.*
*Ba Ra Sekhem.*
*Und die Macht Gottes wirkt in mir, ich bin Licht.*
*Die Macht Gottes, Geburah, Netzach, Binah, ist Klarheit, Wissen und Hellfühlen, Macht und Liebe zugleich, Heilung und Transzendenz.*
*Und wir sind Licht.*
*Ägyptisch: Ba Ra Sekhem.*
*Und die Anteile heilen, die in der Trennung waren.*

*Erzengel Metatron*

Notizen

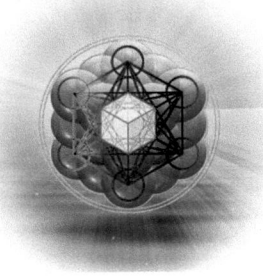

Freitag **01.** April

Samstag **02.** April

**Sonntag 03.** April

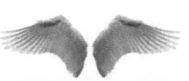

## Montag 04. April

## Dienstag 05. April

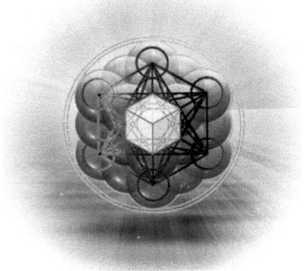

*Erzengel Metatron, ich bitte Dich erneut, lass mich Deine Liebe spüren. Ich bitte Dich, geliebter Erzengel Sandalphon, erhöhe mein Sein.*
*Lasst mich tiefer spüren, was Gottes Wille ist, und ich bin, der ich bin. Ich danke Euch von Herzen. Und in Wahrheit bin ich Gott selber.*
*Und die Macht Gottes wirkt. Ba Ra Sekhem, ägyptisch, für reines Bewusstsein, Macht und Fülle im Leben und der Spiritualität.*
*Ich bin Licht, dies dürft Ihr sagen.*
*Ba Ra Sekhem. Und ich bin Licht. Ba Ra Sekhem.*
*Und die Macht Gottes wirkt.*

*Die Erzengel wirken*

Notizen

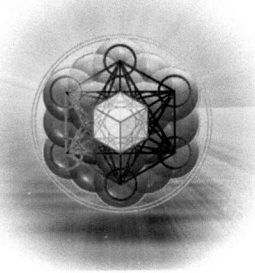

Mittwoch 06. April

Donnerstag 07. April

Freitag 08. April

Samstag 09. April

Sonntag 10. April

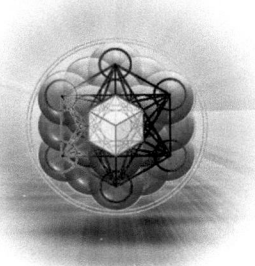

Montag **11.** April

Dienstag **12.** April

Mittwoch 13. April

Donnerstag 14. April

*Erzengel Metatron, ich rufe Dich, lass mich Deine Liebe
spüren.
Ich bin Liebe, ich bin Licht, ich bin Wille, ich bin Weisheit, und
ich manifestiere aus dem höchsten Bewusstsein, dass ich
Liebe bin.
Ba Ra Sekhem, und ich bin Licht.*

*Ich bitte Dich erneut, nun alle Felder zu heilen, die nicht
in der Einheit sind, in meinem Haus/in meiner Wohnung,
in meinem Umfeld, auf der Erde, sowie in mir, so dies jetzt
erlaubt ist.
(Meist stammen diese aus Vorleben, und wir können bitten,
dass diese ebenso heilen, verstärkt in dem Sinne, dass wir
Gott von nun an dienen und gemeinsam mit der lichtvollen
geistigen Welt Heilung zu diesem Planeten bringen).
Durch Erzengel Metatron und unseren Ba fließt Erdheilung
ein, und wir sprechen in der Reinheit des göttlichen Bewusstseins eine Energieversöhnung, so dies geschehen ist.
(Siehe Seite 56). Und die Anteile in uns heilen, denn wir sind
Licht. Ba Ra Sekhem.*

*Erzengel Metatron*

Notizen

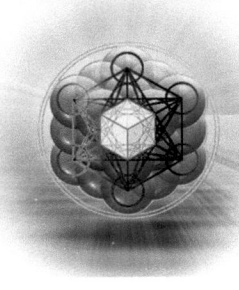

Freitag **15.** April          Karfreitag

Samstag **16.** April

Sonntag **17.** April          Ostern

## Montag **18.** April                    Ostermontag

Dienstag **19.** April

*Gott lenkt, und wir bitten in tiefer Liebe und Demut, dass Gott unser Feld, unsere Wohnung, unser Sein in seine Hände nimmt, und alle Fremdenergien heilen, alle Dunkelheit weicht, und alle Magie aus Vorleben. Und wir sind Licht, und wir sind, die wir sind.*

*Ägyptisch: Ba Ra Sekhem, und wir sind Licht.*

*Und auch unser inneres Kind heilt im Licht der Einheit, in Gottes Händen, und wir sind Licht. Ba Ra Sekhem.*

*Und wir bitten Gott, dass unser inneres Kind, auch und gerade das Verletzte (sei dies aus Vorleben oder diesem Leben) heilt. Und wir sind Licht.*

*Ägyptisch: Ba Ra Sekhem.*

*Und wir sind Gott selber, und wir sind Licht.*

*Spüren wir die Liebe Gottes? Sie heilt.*

*Und wir sind Leben, Ankh. Und die ägyptische Hieroglyphe leuchtet.*

*Ba Ra Sekhem, und wir spüren die Liebe Gottes (auch in unserer Wohnung, in unserem Heim).*

*Ba Ra Sekhem.*

*Verbinden wir die Wohnung mit der Kraft Gottes. Zum Beispiel durch folgende Bitte: Bitte Gott, verbinde Dich mit meinem Wohnort, und lass` dort alle alten Energien reinigen, lösen und klären, so sie dem Licht nicht dienen, und bitte verbinde diesen Ort mit Deiner Kraft und Deiner Liebe. Ich danke Dir von Herzen.*

*Und auch die Erzengel wirken. Ba Ra Sekhem.*

Notizen

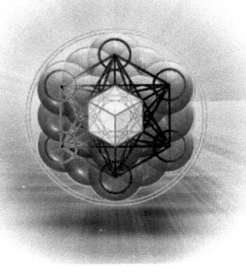

Mittwoch **20.** April

Donnerstag **21.** April

Freitag **22.** April

Samstag **23.** April

**Sonntag 24.** April

*Ich wirke im Licht der Einheit, dies dürft Ihr sagen.*
*Und ich bin, der ich bin.*
*Ich bin Licht.*
*Und ich lebe im Licht der Einheit. Dies meint, ich bin Leben*
*und Gott wirkt.*
*Ich bin Licht.*
*Ba Ra Sekhem, ägyptisch, und die Anteile heilen.*
*Und wir leben, lieben, atmen und tanzen im Licht.*

Erzengel Metatron

Notizen

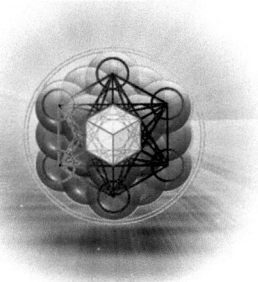

Montag **25.** April

Dienstag **26.** April

Mittwoch **27.** April

Donnerstag **28.** April

Wir sind Licht, und unser inneres Kind heilt. Es ist durch viele Leben gegangen, in vielen Kulturen geboren und auch manches mal durch leidvolle Erfahrungen.

Wir bitten Gott, all unsere inneren Kinder zu heilen, sie aus Vorleben Liebe und Frieden spüren zu lassen, sie von allen Traumen zu heilen.

Spüren wir dies?

Lassen wir ihnen durch Gott und die Engel und Erzengel Heilung zufließen, und sie „integrieren", und so auch Schocks und Traumen in diesem Leben mit einbeziehen.

Bitten wir die Erzengel, die zuständig sind zu Hilfe.

Bitten wir sie, dass aller „Drehkreisschwindel" weicht in uns aus allen Schocks der Kindheit, bitten wir, dass sich alle „Traumablasen" lösen (eingekapselte, zum Teil abgespaltene Energie) und durch Licht und Heilung ersetzt werden.

Ich bin Licht, dies dürft Ihr sagen. Spürt Ihr eine Veränderung? Bittet erneut die Engel um Heilung der Traumen und Schocks, die Ihr erlebt habt.

Und wiederholt diese Bitte, bis Ihr heil seid.

Ba Ra Sekhem, und Ihr seid Licht. Und alle so genannte Ergebundenheit weicht in uns. Und wir sind Licht. Ba Ra Sekhem erneut.

Und wir danken Gott und den Engeln und Erzengeln.

Notizen

Freitag 29. April

Samstag 30. April

Sonntag 01. Mai                    Tag der Arbeit

Montag 02. Mai

Dienstag 03. Mai

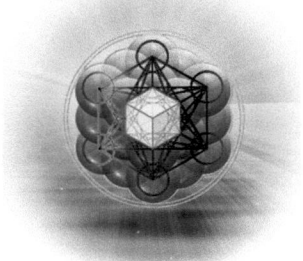

*Erzengel Sandalphon, ich rufe Dich. Bitte heile meine Trennungen. Ich bitte Dich, lass mich Deine Liebe spüren, und ich bitte Dich um Liebe und Frieden im Herzen. Lass mich Liebe sein.*

*Lasst dies wirken und spürt die Liebe des Engels.*

*Sandalphon und Metatron*

Notizen

Mittwoch 04. Mai

Donnerstag 05. Mai

Freitag 06. Mai

Samstag 07. Mai

Sonntag 08. Mai          Muttertag

Erzengel Raphael, ich bitte Dich erneut, mich zu heilen und zu begleiten, lass mich Deine Liebe spüren und bitte heile meinen Körper von allen Schäden, von allen „Impfblockaden", von Resten von Lebensmittelzusätzen, Allergien, Holzschutzmitteln, Pflanzenschutzmitteln, elektromagnetischen Strahlenschäden, so sie existieren, von allen Verletzungen aus Vorleben, (z. B. von Einschusslöchern, Pfeilen, Speeren und anderen Schwerthieben, so sie vorhanden sind) und Flüchen in der Aura, von allen Bännen und anderen Magien, so sie Auswirkungen auf mich haben.

Lasst dies wirken, und wir danken von Herzen.

Ich bin Leben, ich bin Licht, und ich bin Wille, und ich manifestiere, aus dem höchsten Bewusstsein, dass ich Liebe bin.
Dies dürft Ihr sprechen.
Ägyptisch: Ba Ra Sekhem.
Und wir lösen den Ka der Trennung in uns. Wir sind Licht.
Wir sind, die wir sind und reines Bewusstsein. Ba Ra Sekhem.

Notizen

Der Würfel Metatrons wirkt, und wir bitten darum.
Ba Ra Sekhem. Und wir spüren dies.
Ba Ra Sekhem.

Montag 09. Mai

Dienstag 10. Mai

*Gott lenkt, und wir öffnen uns für Gott selber, der wir in Wahrheit sind; Gott, bitte lenke Du, dies dürfen wir sagen.*
*Wir legen das Steuer unseres Seins in Gottes Hände, wenn dies unser Wille ist. Und wir sind Licht, Ba Ra Sekhem, um dies ägyptisch zu betonen.*
*Und wir bitten Gott, dass er unser Innen heilt. Gott, bitte heile Anteile in mir, auch die, die in Vorleben traumatische Erfahrungnen gemacht haben. Bitte lass` sie im Licht der Einheit heilen, und wir sind, die wir sind.*
*Ich bin, der ich bin.*
*Und die Anteile gehen in das Licht der Einheit, und sie heilen in Gottes Händen, und sie werden nun wieder integriert, so sie geheilt sind.*
*Und wir bitten darum, dass unser Seelenanteile komplett zu uns zurückkehren, und wir sind Licht. Wir verbinden uns mit ihnen, und wir sind Licht.*
*Ba Ra Sekhem.*
*Und alle Energieversöhnungen sind bereits erledigt und entschieden zum Licht.*
*Und wir sind Licht. Ba Ra Sekhem.*
*Und wir sind Leben. Ankh.*
*Und die Erde ist Licht.*
*Ba Ra Sekhem, und wir danken Gott von Herzen.*

Notizen

Mittwoch **11.** Mai

Donnerstag **12.** Mai

Freitag 13. Mai

Samstag 14. Mai

Sonntag 15. Mai

*Bitten wir erneut, dass alle Anteile in uns heilen, und wir sind Licht.*

*Wir sind Leben. Ankh, und die ägyptische Hieroglyphe leuchtet.*

*Und wir bitten Gott und die Engel und Erzengel zu Hilfe, unsere Anteile zu integrieren, sie zu heilen und ihnen zu neuem Leben zu verhelfen. Und die Urwunde allen Seins schließt sich, so sie noch nicht geheilt war. Denn wir sind Licht.*

*Ägyptisch: Ba Ra Sekhem, und wir sind, die wir sind.*

*Ba Ra Sekhem.*

*Und wir spüren die Liebe Gottes und unserer Seele, sie heilt, und die Seele, die sich vielleicht einst aufgeteilt hatte, sie verschmilzt wieder zur Einheit, die sie in Wahrheit ist, und wir sind Licht. Ba Ra Sekhem.*

*Ba Ra Sekhem.*

*Und ich bin, der ich bin. Ba Ra Sekhem. Und Gott lenkt.*

# Notizen

20. KW    16.- 22. Mai 2022

Montag 16. Mai

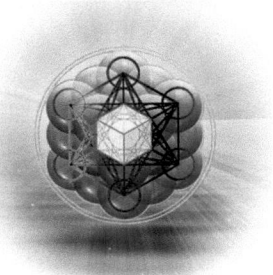

Dienstag 17. Mai

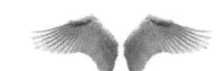

Mittwoch **18.** Mai

Donnerstag **19.** Mai

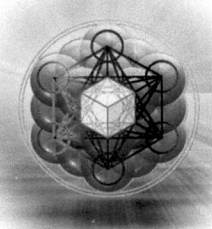

Sind Ereignisse zu überwältigend, sind, um die Liebe der Eltern zu erhalten, Verstellungen der eigenen Person in der Kindheit (Überanpassung, Schweigen) „notwendig", wurden zornige, wütende Anteile nicht geliebt von den Eltern, so können diese abgespalten sein, ungewünscht und „versperrt". Sie können dann allerdings Menschen „überschwemmen", wenn die Trigger nicht ausreichend geheilt sind, also das angepasste Verhalten zu Schwierigkeiten fürht („ausgenutzt werden" etc.).

*Bitte Gott, heile alle abgespaltenen Gefühle in mir, wie Wut, Neid (auf Geschwister), die aus der Erziehung stammen oder aus traumatischen Erlebnissen. Bitte lass mich Deine Liebe spüren, und die abgelehnten Anteile in mir wieder integrieren. Ich bin Licht, und ich bin Liebe.*

Abgespaltene
Bewusst-
seinsanteile

Notizen

Freitag 20. Mai

Samstag 21. Mai

Sonntag 22. Mai

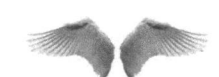

Montag 23. Mai

Dienstag 24. Mai

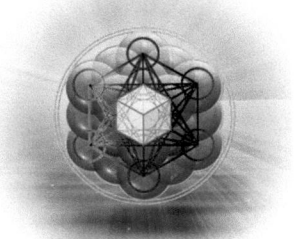

*Wir sind Licht, wir sind Liebe, wir sind Gott selber, und wir sind Licht. Ba Ra Sekhem, um dies ägyptisch zu betonen.*

*Und wenn wir ganz dem Licht dienen, werden wir noch stärker mit der Liebe Gottes verbunden sein, denn dies ist ein liebevolles Universum, durch das wir die Liebe in allen Bereichen in uns erleben können. Sprechen wir in Liebe: Gott, bitte lass mich die Liebe der Seele spüren, lass mich Licht und Liebe sein, und die Erde ist Licht, und Mutter Erde reicht uns die Hand und öffnet sich für uns.*

*Und wir spüren die Liebe Gottes und Mutter Erdes, und wir sind Licht. Ba Ra Sekhem.*

*Und die Liebe transzendiert die Dualität. Wir entscheiden uns für das Licht, und wir werden liebevoll, denn wir sind Licht. Und wir spüren die Liebe Gottes. Und die Kongruenz Gottes ist es, Liebe zu sein. Vergleichen wir einmal uns mit der göttlichen Liebe. Wie nahe kommen wir ihr?*

*Zu wieviel Prozent haben wir sie (anteilig) integriert?*

*Lassen wir es uns von unsere Seele zeigen.*

*Bitten wir Gott um Hilfe sie vollständig zu sein, sie zu lebene und zu fühlen, und wahre Erleuchtung sei, und wir sind Licht. Ba Ra Sekhem. Bitten wir, dass diese auch dauerhaft wirkt, denn oben wie unten und innen wie außen, und ich bin, der ich bin, dies dürfen wir sagen. Ba Ra Sekhem, um dies ägyptisch zu betonen. Ba Ra Sekhem.*

*Und wir manifestieren aus dem höchsten Bewusstsein in Liebe, jetzt, dass wir Licht und Liebe sind. Und Gott selber. Ba Ra Sekhem.*

Notizen

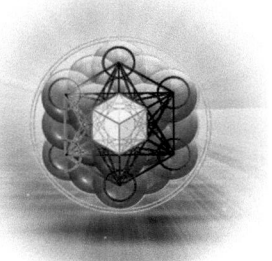

Mittwoch **25.** Mai

Donnerstag **26.** Mai          Christi Himmelfahrt

Freitag 27. Mai

Samstag 28. Mai

Sonntag 29. Mai

*Gott heilt, und heilt, und Ihr seid Licht.*
*Ihr lebt im Licht der Einheit, die Anteile in Euch heilen. Die*
*Engel und Erzengel reichen Euch die Hand, Ihr seid Licht.*
*Seid, und die Engel helfen.*
*Spürt Eure Lernthemen, und Eure Krone heilt.*
*Löst sie mit Hilfe der Engel, und Ihr seid Licht.*
*Bittet sie, zum Beispiel Erzengel Metatron.*
*Und Ihr wisset, dass Ihr immer Licht seid.*
*Ihr könnt sprechen:*

*Bitte, geliebter Erzengel Metatron, heile meine Krone und*
*meine Chakren. Ich bin Licht und liebe Dich.*
*Gott liebt Euch unendlich, spürt seine oder ihre Liebe, und*
*Ihr heilt.*

*Metatron & Gott selber*

Notizen

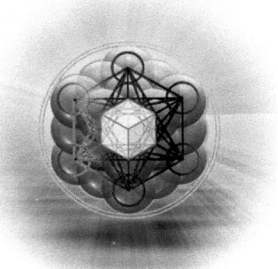

Montag 30. Mai

Dienstag 31. Juni

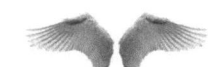

*Ba Ra Sekhem, und die Erde heilt. Sie ist Licht, und wir sind dies.*
*Wir sind dieser Planet und mehr, wir sind Gott selber, und wir heilen die*
*Erde.*
*Lassen wir durch Gott und die Engel in den Planeten Heilenergien fließen,*
*wo dies nun erlaubt ist.*

*Mutter Erde, bitte unterstütze den Prozess, ich verbinde mich mit Dir, und*
*ich bin Licht.*

*Lauschen wir auf die Stimme Gottes und heilen im Licht der Einheit, und*
*wir sind dies, Licht und Liebe.*

*Und Mutter Erde heilt, stets ein Stück aufs Neue, und wir sind Licht, Ba Ra*
*Sekhem, um dies ägyptisch zu betonen.*

*Und Gott erleuchtet uns, wenn wir ihn liebevoll bitten, zum Beispiel*
*durch folgende Affirmation: Lass mich, Gott, Deine Liebe spüren bitte er-*
*leuchte mein Gehirn, ich bin, der ich bin. Ich bin Liebe, Wille und Weisheit,*
*und ich bin Gott selber, und ich bin Licht. Ba Ra Sekhem.*

*Und die Liebe Gottes heilt unser Gehirn, und wir integrieren unsere hell-*
*sichtigen und -fühligen Anteile in uns, die wir noch nicht integrierten.*
*Ba Ra Sekhem. Ba Ra Sekhem.*

*Jesus Sananda ist unendliche Liebe & Gnade. Er ist ein aufge-stiegener Meister, der uns die Liebe lehrt.*

*Spürt die Liebe Gottes, und Jesus heilt unser Herz. Und Lady Nada ebenso. Sie hielt unser Sein, und wir bitten sie in tiefer Liebe und Demut, dass sie uns im Aufstieg begleitet, und wir sind Licht. Ba Ra Sekhem, und wir sind Leben, und wir spüren Lady Nada und Jesus Sananda, sie heilen uns im Licht der Einheit, das wir in Wahrheit sind. Ba Ra Sekhem, um dies erneut zu betonen, und wir sind Licht.*

*Spürt die Liebe Jesus, und sein Herz öffnet sich für unser Sein. Spürt die Liebe, die er ist. Und Ihr seid Licht.*

*Er fühlt den Schmerz, den wir, häufig aus der Kindheit in uns tragen. Und wir können ihm und Lady Nada das Herz in die Hand geben. Und wir heilen. Lasst dies zu. Und wir sind Licht.*

*Und tiefe Liebe und Demut wirken in Euch. Ihr seid, die Ihr seid. Und die Distanz zwischen Mensch und Jesus ist häufig im Herzen. Und dennoch bitten wir in Licht und Liebe zu sein und zu leben, und wir sind heil. Denn Gott ist, und so sind wir Licht und spüren Jesus, der uns begleitet.*

*Metatron & Jesus Sananda*

Notizen

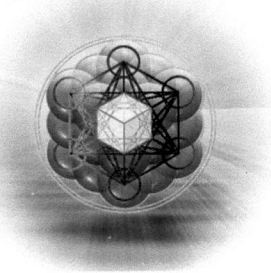

Mittwoch 01. Juni

Donnerstag 02. Juni

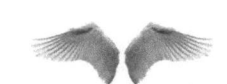

Freitag 03. Juni

Samstag 04. Juni

Sonntag 05. Juni          Pfingstsonntag

Gefühle dürfen gefühlt werden (und auch gezeigt werden). Wurden sie (als Übertragung der Eltern) in der Kindheit unterdrückt, dürfen wir „nachempfinden", welche Gefühle wir hatten als Kind. Auch unliebsame Gefühle, wie Wut, Neid, Zorn, Scham- und Schuldgefühle und andere verdrängte Gefühle, die nicht „sein sollten", dürfen jetzt gefühlt werden.

Tauchen wir ein, in die Bahnen und Spuren, die in uns gelegt wurden, die unsere Gefühle unterdrücken. Bitten wir Gott und die Engel, diese Gefühle nun hervorzuholen und zu heilen, durch die lichtvolle geistige Welt begleitet.

Ba Ra Sekhem.

Gefühle
(nicht zeigen)

Notizen

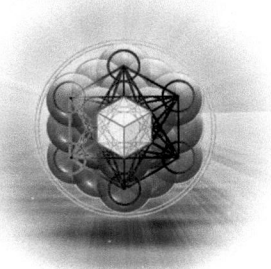

## Montag 06. Juni    Pfingstmontag

## Dienstag 07. Juni

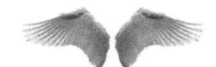

Mittwoch 08. Juni

Donnerstag 09. Juni

*Gott, bitte heile mich, lass mich Deine Liebe spüren, und wir sind Licht.*

*Ich bitte Dich, Gott, heile mein Innen, so dass das Außen folgt, und ich bin Gott selber, und ich diene nur Gott und dem Licht, dies dürfen wir sprechen.*
*Und wir sind Licht. Ba Ra Sekhem, um dies erneut zu betonen.*
*Und wir sprecehn: Ich bin, der ich bin. Ich bin ohne Trennungen und Trennlinien, sie weihen in mir, und ich bin Licht.*
*Oben wie unten und innen wie außen, und ich bin, der ich bin.*
*Und ich gehe in die höchsten Reiche, aus denen ich stamme, und ich inkarniere mit allen Anteilen erneut, die in die Einheit gehen, damit sie heilen, und ich bin Licht und Ba Ra Sekhem.*

*Und wir spüren dies. Ba Ra Sekhem.*

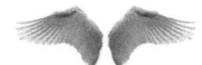

Notizen

Freitag **10.** Juni

---

Samstag **11.** Juni

---

Sonntag **12.** Juni

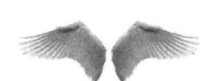

Montag **13.** Juni

Dienstag **14.** Juni

*Gott ist, und wir sind, die wir sind. Gott heilt unsere Anteile erneut, und wir öffnen uns dem Licht, das wir in Wahrheit sind, und wir sind Licht. Ba Ra Sekhem.*
*Und wir sind Leben, Ankh, und die ägyptische Hieroglyphe leuchtet.*

*Und Thoth reicht uns die Hand. Der ägyptische Gott der Weisheit heilt unser 3. Auge und wir sind Licht, und wir spüren die Gnade, die darin liegt, und wir sind Licht. Und wir dienen ausschließelich Gott und dem Licht.*

*Spüren wir die Liebe Gottes und die Macht Gottes in uns, und wir sind Leben, und wir dienen dem Licht, indem wir alle Verträge lösen auf der Seeleneben, die wir jemals erzeugt haben. Und alle Energieversöhnungen [siehe S. 56] sind schon erledigt und entschieden zum Licht, und wir sind Leben. Ba Ra Sekhem. Spüren wir dies?*
*Dann danken wir Gott und der Seele, und wir sind dies. Ba Ra Sekhem erneut.*

Notizen

Mittwoch **15.** Juni

Donnerstag **16.** Juni          Fronleichnam

Freitag **17.** Juni

Samstag **18.** Juni

Sonntag **19.** Juni

*Wir stellen alle Anteile, die wir jemals gelebt haben in das Licht der Einheit und wir bitten Gott darum. Wir sind Licht. Alle Anteile in uns heilen und werden uns integriert, sollten sie auch schwierige Sachen erzeugt oder ertragen haben, und wir bitten Gott und Amun Ra darum, und wir sind Licht.*

*Ba Ra Sekhem, um dies zu betonen.*
*Und wir sind Licht.*

*Spüren wir diese Anteile? Bitten wir sie, in das Licht der Einheit zurück, und sie sind dies, Licht.*

*Und wir bitten sie, sich erneut zu integrieren, wenn sie geheilt sind im Licht der Einheit, und wir sind Leben. Und wir sind Licht. Und die Anteile heilen.*

*Gott lenkt, und wir heilen im Licht der Einheit, das wir in Wahrheit sind.*
*Ba Ra Sekhem.*

Notizen

25. KW    20.- 26. Juni 2022

Montag 20. Juni

Dienstag 21. Juni

Mittwoch 22. Juni

Donnerstag 23. Juni

*Echte Zellverjüngung fließt ein, und wir danken Gott dafür.
Wir stellen uns in das Licht der Einheit und bitten Gott und
die Engel uns mit universiellem Chi aufzufüllen, unseren
Wohnraum, unser Feld, so dies erlaubt ist, und wir lösen alle
Chakren in uns, damit dies besser gelingt.
Ba Ra Sekhem, und wir sind Licht.*

*Wir bitten Gott erneut um Zellverjüngung, und stellen uns
in diese Energie Gottes, indem wir uns mit Gott verbinden,
der wir in Wahrheit sind. Es gibt keinen Raum und keine Zeit,
und wir ziehen unseren Körper in das so genannte Heileruni-
versum, mit dem ich Euch verbinde, und ich bin, der ich bin.
Ba Ra Sekhem.*

*Nehmt Eure reine, heile Gestalt zu Euch, und Eure Körper
verjüngen sich erneut. Ba Ra Sekhem, und alle Schwüre, Eide,
Pakte und Flüche weichen, die dies noch verhindert hatten.
Und ich bin, der ich bin.*

*Ba Ra Sekhem. Sprecht häufiger diese Affirmation.*

Notizen

Freitag **24.** Juni

Samstag **25.** Juni

Sonntag **26.** Juni

Montag 27. Juni

Dienstag 28. Juni

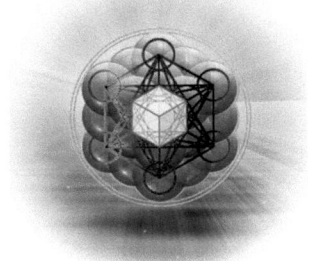

Gesundheit ist stets in uns.
Sie ist ein Zustand des Eins-Seins und durch uns selbst zu erhalten.
Gott, ich bitte Dich, stelle die göttliche Gesundheit in mir wieder
her.
Denn ich bin, der ich bin.
Ich bitte Dich, erlaube mir zu erkennen, wo in meinem Leben ich
die Ursachen erzeugte.
Ich bin, der ich bin.
Ich bitte Dich, mich zu heilen mit Licht.
und ich läutere mich mit Licht.
Ich bin, der ich bin.
Und ich bin Leben.
Und die Krankheit ist eine Illusion.
Und die Trennung geht.
Ich lasse alle Dunkelheit los, ich lasse alle Krankheiten los, ich bin,
der ich bin.
Ich bitte auch Erzengel Raphael zu Hilfe,
und ich bin Licht.
Ba Ra Sekhem.
Und ich bin, der ich bin.

Notizen

Mittwoch 29. Juni

Donnerstag 30. Juli

Freitag 01. Juli

Samstag 02. Juli

Sonntag 03. Juli

*Ich bin, der ich bin.*
*Ich bitte um inneren Einklang.*
*Ich bin der Klang der Stille.*
*Und ich erlaube mir selbst, das innere Kind zu heilen.*
*Ba Ra Sekhem.*
*Wo seid Ihr noch nicht geheilt?*
*Und ihr erlaubt Euch die Erkenntnis.*
*Und ihr seid Licht.*
*Und ihr seid Liebe, und Ihr bittet in Liebe Eure inneren Kinder*
*zu Euch, und die Heilung geschieht, denn Ihr seid, die Ihr seid –*
*seid, und Ihr seid Licht.*
*Und Thoth wirkt, und die inneren Anteile heilen.*
*So sei es.*
*So ist es.*
*Und ich bin Ba Ra Sekhem.*
*Und ich bin Licht.*

# Notizen

27. KW   04.- 10. Juli 2022

Montag 04. Juli

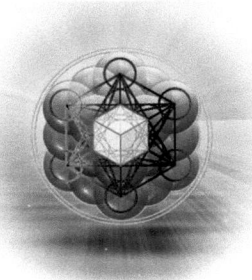

Dienstag 05. Juli

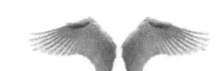

Mittwoch 06. Juli

Donnerstag 07. Juli

*Die Liebe ist die höchste Schwingung im All der Dualitäten,
und Gott ist reine Liebe.
reines Bewusstsein, eine unendliche, gnadenvolle Einheit, in
der Ihr alles erlebt.
Alles ist in Gott, und die tiefen Trennungen gehen, und in At-
lantis hattet Ihr höchstes Wissen zu erleben.
Und so sprechet:
Ba Ra Sekhem.
Und ich erlaube Atlantis erneut.
Seid, und Ihr seid Licht=Liebe.
Spürt die Liebe, die Ihr seid, und die Gott ist, denn Gott ist.
Ba Ra Sekhem.
Und Ihr seid Licht.
Die Erde ist ein lebendiges Gebilde.
Ba Ra Sekhem.*

# Notizen

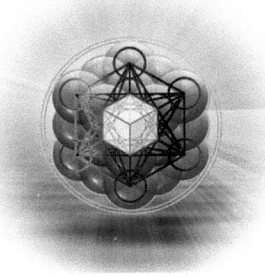

Freitag 08. Juli

Samstag 09. Juli

Sonntag 10. Juli

Montag **11.** Juli

Dienstag **12.** Juli

*Heiliges Wissen fließt ein.*
*Und ich bin Ba Ra Sekhem.*
*Und ich erlaube Atlantis erneut.*
*Und Ihr seid Licht.*
*Und ich bin, der ich bin.*
*Seid, und Ihr seid Licht.*
*Und die heiligen Hallen von Amenti öffnen sich, und Euer*
*Wissen kehrt zu Euch zurück.*
*Ich lösche alle Trennlinien, und ich bin Leben.*
*Ba Ra Sekhem. Dies dürft Ihr sprechen, und spürt die Hallen*
*von Amun, die sind Licht, und empfanget Euer altes Wissen*
*und Heilergewand des Lichtes erneut, so Ihr es noch nicht*
*integriert hattet. Ba Ra Sekhem, um diesen Prozess zu*
*unterstützen.*
*Ba Ra Sekhem, und ich bin Licht. Dies dürft Ihr sprechen.*

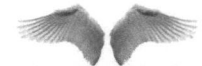

Notizen

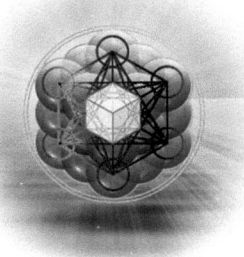

Mittwoch 13. Juli

Donnerstag 14. Juli

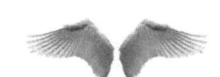

Freitag 15. Juli

Samstag 16. Juli

Sonntag 17. Juli

*Ba Ra Sekhem, und Eure DNA werde heil.*
*Ba Ra Sekhem.*
*Und die Mitochondrien DNA heile ebenso.*
*Und Ihr seid Licht.*
*Und ich löse das Blei in Euch, Ba Ra Sekhem.*
*Und ich bin, der ich bin.*
*Spürt hinein, und ich bitte um Aktivierung Eurer lichtvollen DNA.*
*Ba Ra Sekhem.*
*Das Zellleuchten setzt ein.*
*Ich bin, der ich bin.*
*Ba Ra Sekhem.*
*Spürt hinein und Ihr seid Licht=Liebe.*
*Heilet im Licht der Einheit.*
*Ba Ra Sekhem.*

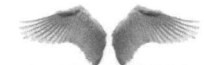

Notizen

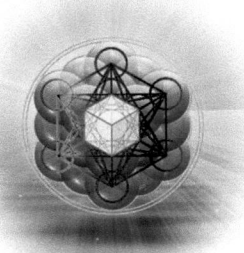

Montag **18.** Juli

Dienstag **19.** Juli

Mittwoch 20. Juli

Donnerstag 21. Juli

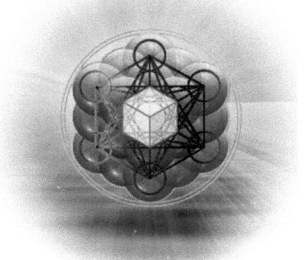

Die oberste „Ebene" des göttlichen Lebens ist in dieser Inkarnation zu erleben.
Darum dürft Ihr bitten:
Ich bin, der ich bin. Ich erlaube mir selbst, göttliches Leben zu sein, denn dies heißt, Gott selbst zu sein. Handeln, Denken, Fühlen wie Gott, bedeutet, sich selbst in aller Liebe und aller Weisheit und Freude das Leben zu schöpfen. Ba Ra Sekhem.

Was Euch bindet ist zumeist das alte Band mit Seelen, die Euch Lernthemen präsentieren. Löst sie, indem Ihr Euch nicht mehr an die Verabredung mit der dunklen Saat haltet. Ihr könnt sprechen:

Ich löse mich aus allen Verabredungen mit der dunklen Seite. Ba Ra Sekhem. Ihr seid, die Ihr seid. Ihr seid ewig Gott selber. Ihr erlöst das alte Blei durch Energieversöhnungen. Und sie sind bereits erledigt. Ba Ra Sekhem. Und Ihr spürt die Liebe Gottes. Ba Ra Sekhem erneut.

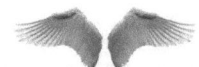

Notizen

Freitag 22. Juli

Samstag 23. Juli

Sonntag 24. Juli

Montag 25. Juli

Dienstag 26. Juli

Von fernen Planeten kommen wir, und dieser Planet dient dem
Leben.
Er ist, wie wir Licht, denn Licht ist, und Ihr seid Licht.
Ba Ra Sekhem.
Wenn Ihr in Euch hineinspürt, dürft Ihr die kosmischen Gesetze
in Euch selbst wahrnehmen. Wo sendet Ihr Licht in Euer Sein,
und wo seid Ihr (noch) Schatten?

Hebt Euer Schattenprinzip und bittet Gott um Hilfe, und auch
Thoth hilft.

Licht ist die Substanz des All-Einen, und Ihr seid Licht. Heilt Eure
Schatten und Ihr seid Licht. Lasst Gott Euch heilen, und Ihr seid,
die Ihr seid. Ba Ra Sekhem.

Und wir lösen die Machtmissbräuche auch auf fernen
Planeten, auf denen wir leben. Ba Ra Sekhem.
Und wir sind Licht.
Ba Ra Sekhem.

# Notizen

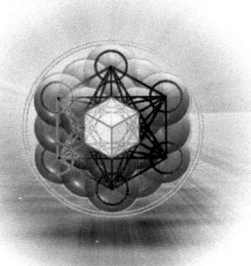

Mittwoch 27. Juli

Donnerstag 28. Juli

Freitag **29.** Juli

Samstag **30.** Juli

Sonntag **31.** Juli

*Auch auf anderen Planeten habt Ihr einst oder aktuell unter Umständen Macht missbraucht.*
*Löst auch dies, indem Ihr Gott bittet, Euch das Karma auf anderen Planeten zu erlassen oder zu erleichtern.*
*Ba Ra Sekhem.*

*Gott, ich bitte Dich, erlasse mir das Karma auch auf anderen Planeten, und ich bin, der ich bin. Ba Ra Sekhem. Und ich danke Gott von Herzen. Und alle Energieversöhnungen sind erledigt und entschieden zum Licht, und dies ist bereits geschehen. Ba Ra Sekhem.*

*Lauscht auf die Stimme Gottes, und Ihr seid Licht.*
*Was sagt Sie Euch?*

*Gott wirkt und heilt Euch, und Ihr seid Licht.*
*Ba Ra Sekhem. Und Ihr seid Leben.*

Notizen

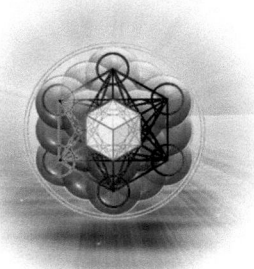

Montag 01. August

Dienstag 02. August

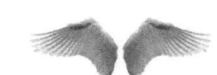

Mittwoch 03. August

Donnerstag 04. August

*Ihr seid Leben, und Licht, und Ihr seid, die Ihr seid. Gott lenkt, und Gott heilt Euer Innen. Spürt die Liebe Gottes, und se heilt. Ba Ra Sekhem, um dies ägyptisch zu betonen. Alles ist Licht, und in Wahrheit gibt es keine Trennungen, und Ihr entzieht Ihnen Ihre Macht, zum Beispiel durch folgende Bitte:*

*Ich löse alle Trennungen und Trennlinien in mir, und ich bin Licht.*

*Ich diene nur Gott und dem Licht, und ich löse alle Schwere, alle frühkindlichen Bindungsstörungen in mir, ich bin, der ich bin, und ich bin Leben. Ba Ra Sekhem erneut.*

*Und ich erlaube mir dies zu sein. Ich bin Licht, und die Liebe Gottes heilt. Und ich bin reiner Kanal, dies dürft Ihr sagen.*

*Ba Ra Sekhem.*

Notizen

Freitag **05.** August

Samstag **06.** August

Sonntag **07.** August

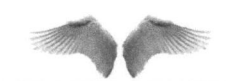

Montag 08. August

Dienstag 09. August

*Ich bin, der ich bin. Dies dürft Ihr sagen, und ich bin Licht und Leben. Ich bin Leben, und die Erde ist Licht.*

*Und wenn wir aufsteigen, spüren wir dies sehr deutlich. Alles ist in Gott, und alles ist Gott, und so sind aufgefordert, uns nach den kosmischen Gesetzen zu verhalten. Sollten wir dies einmal nicht tun oder „vergessen", sprechen wir in Liebe und Demut:*

*Gott, bitte löse alle negativ geschöpften Realitäten in mir (die meist auf falschen oder schwächeren Glaubenssätzen oder falschen Wahrnehmungen beruhen), und ich löse ebenso alle frühkindlichen Bindungsschwächen in mir, und ich bin Licht.*

*Gott, bitte löse alle falsch geschöpften Realitäten, die ich jemals schuf, und ich bin, der ich bin.*

*Ba Ra Sekhem, und ich bin Licht. Und ich lasse die Dunkelheit los.*

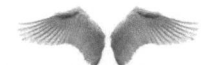

Notizen

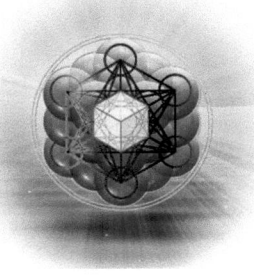

Mittwoch **10.** August

Donnerstag **11.** August

Freitag 12. August

Samstag 13. August

Sonntag 14. August

*Das universelle Chi, es fließt ein, und wir lassen es zu. Wir spüren die Liebe Gottes, und wir verbinden uns mit diesem Chi, damit es in jede Körperzelle fließt, und es strömt, es fließt. Es heilt unser Innen. Und wir spüren dies. Gott und die Engel wirken, und wir aktivieren auch die Merkaba. Sie trägt uns die höchsten Reiche, und wir sind Licht.*

*Und ich bin Licht, dies dürft Ihr sagen. Und ich bin, der ich bin. Gott, bitte erlaube mir, dies Chi nun stets in mir (und, so es erlaubt ist, hier in einem heiligen, heilenden, multidimensionalen, galaktischen, omniversalen Raumes, auch für andere) fließen zu lassen.*

*Gott lenkt, und wir danken Gott und den Engeln.*

*Spüren wir dies? Dann lassen wir es erneut fließen an die Stellen in uns, die Heilung benötigen. Nehmt Euch Zeit dafür und spürt, wie es wirkt. Ba Ra Sekhem.*
*Und ich bin Licht.*

Notizen

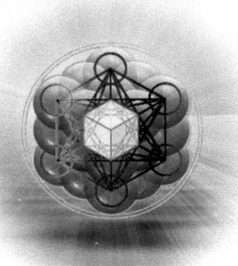

Montag 15. August

Dienstag 16. August

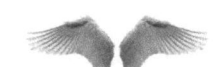

Mittwoch **17.** August

Donnerstag **18.** August

Wir sind Licht – und darum sprechen wir:
Ich bitte Dich, Gott, offenbare mir das reine Bewusstsein der
Einheit in mir. Ich bin Licht. Und ich bin, der ich bin.
Lass mich Liebe sein. Offenbare mir, wie ich aus dieser Einheit
heraus wirken und manifestieren kann.
Bitte erlaube mir dies:

Ich verbinde mein höchstes Bewusstsein mit dem „niedrigsten", dem materiellen. Oben wie unten, innen wie außen.
Und ich bin ohne Trennlinien, wenn ich mir dies erlaube. Und
ich bin, der ich bin.
Ich bin auf allen Instanzen und Dimensionen anwesend,
und ich manifestiere, dass ich von nun an aus diesem Bewusstsein wirken kann.
Bitte erlaube mir, meine Kraft nun einzusetzen um eine Ma-
nifestation aus dem hohen
Liebesbewusstsein zu tätigen, das ich bin.

Ich manifestiere, dass ich nunmehr die Seelenverschmel-
zung vornehme und durch diese Verbindung des Höchsten
mit dem Niedrigsten meine Manifestationsenergie auf allen
Instanzen und Dimensionen entfalte. Ba Ra Sekhem, um dies
ägyptisch zu betonen.
So ist es.

Gott selber

Notizen

Freitag **19.** August

Samstag **20.** August

Sonntag **21.** August

Montag 22. August

Dienstag 23. August

*Spürt die Liebe Gottes, und die Anteile in Euch sind heil.*
*Wir sind Licht. Und wir sind, die wir sind.*
*Und alle „frühkindlichen Bindungsstörungen" sind Illusionen.*
*Sprecht dies drei mal oder mehrfach:*
*Alle „frühkindlichen Bindungsstörungen" sind Illusionen.*
*Ba Ra Sekhem.*
*Und wir sind Licht.*
*Ba Ra Sekhem. Und Gott heilt.*
*Er oder sie ist weder männlich noch weiblich. Und wir heilen in Licht der Einheit.*
*Ba Ra Sekhem.*

*Gott selber*

# Notizen

 Mittwoch 24. August

Donnerstag 25. August

Freitag **26.** August

Samstag **27.** August

Sonntag **28.** August

*Wir sind Licht und Leben, und Gott heilt uns. Wir sind Le-*
*ben. Und wir spüren die Liebe*
*Gottes. Und Gott heilt. Alles ist Licht, und die Erde heilt.*
*Wir sind, die wir sind.*
*Und wir sind Leben, ägyptisch: Ba Ra Sekhem.*
*Und Gott ist.*

Gott selber

# Notizen

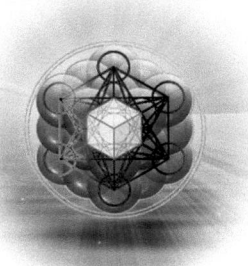

Montag 29. August

Dienstag 30. August

Mittwoch **31.** August

Donnerstag **01.** September

*Seid, und Ihr seid Licht.*
*Ägyptisch: Ba Ra Sekhem. Und alle Anteile heilen und die*
*heilige Barke leuchtet, und Ihr seid, die Ihr seid.*
*Ba Ra Sekhem.*
*Und Gott reicht Euch die Hand, und Ihr seid, die Ihr seid.*
*Merlin, Metatron, Kuthumi sind hier, um Euch zu helfen,*
*wenn Ihr dies wünscht. So sprechet weise:*
*Ich bin Licht, Liebe, ich bin Wille und Weisheit und ich diene*
*nur Gott und dem Licht.*
*Ba Ra Sekhem, um dies zu betonen.*
*Und Ihr seid, die Ihr seid.*

*Merlin*

Notizen

Freitag 02. September

Samstag 03. September

Sonntag 04. September

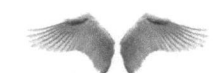

Montag 05. September

Dienstag 06. September

Aus Liebe und Frieden wirken wir, so wir es uns erlauben, und wir lassen uns ganz fallen in die Arme Gottes. Alles ist Licht und dient dem Ziel des Erlebens der Seele und Gottes in uns. Und wir sind Licht. Und Licht ist die Substanz des All-Einene, und wir sind deis selbst. Lassen wir alle Ego-Anteile in uns nach vorne auf die Bühne des Lebens treten, und bitten wir sie zu sagen, was sie brauchen, um zu heilen, sich in Liebe zu wandeln.

Überwindung der Dualität ist das Ziel des Menschen, wenn er rein ist und denkt, und die Dunkelheit, die Dualität, und unser Verstand und unser „Ego" mit allen verletzten Gefühlen ist eine reine Illusion, die am Schmerz festhielt. Legen wir unser Ego in die Hände Gottes, auf das er oder sie es löst und heilt. Wird es nun angenehmer in uns? Verspüren wir mehr Liebe und Frieden in uns? Lassen wir diese Liebe wirken. Ba Ra Sekhem, um dies ägyptisch zu betonen. Und wir sind Licht. Ba Ra Sekhem.

So seid Licht, und Ihr seid Liebe.

Und ich löse mich aus allen Dualitäten, dies dürft Ihr sagen.

Ba Ra Sekhem. Und Ihr seid Licht.

Ba Ra Sekhem, um dies ägyptisch erneut zu betonen.

Lasst dies wirken und auch Metatron wirkt.

Ba Ra Sekhem.

Notizen

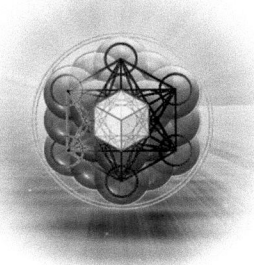

Mittwoch 07. September

Donnerstag 08. September

Freitag 09. September

Samstag 10. September

Sonntag 11. September

*Wir sind Licht, und wir heilen im Licht der Einheit, die wir in Wahrheit nie verließen. So öffnen wir die Tore zum Himmel in uns, damit wir aufsteigen, und Gott reicht uns die Hand, wir sind Licht.*

*Ba Ra Sekhem. Und die Anteile in uns heilen, und wir steigen „in den Himmel". Dies sind die Dimensionen der höchsten Reiche in uns selbst, die Gott einst schuf, damit wir die Erlebnisse der Dualität überhaupt erzeugen konnten. So lebt sich das Höchste Selbst in uns und den „Armen", den Seelen, und wir ziehen uns zur Einheit zurück, die wir nie verließen, und so sind wir, die wir sind. Gott lenkt und wir fallen in die Arme Gottes, der uns unendlich liebt. So sind wir Licht und aus Licht geboren. Wir sind Licht.*

*Ba Ra Sekhem, und wir heilen im Licht der Einheit. Ba Ra Sekhem.*

*Merlin & Metatron*

Notizen

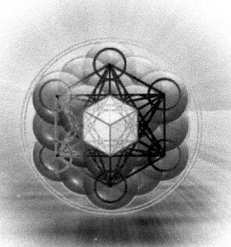

37. KW    12.- 18. September 2022

Montag 12. September

Dienstag 13. September

Mittwoch **14.** September

Donnerstag **15.** September

*Dankbarkeit ist ein wunderbare Energie.*
*Sie erzeugt Liebe (zum Sein). Und so danken wir den Engeln*
*und Erzengeln und Gott selber. Wir sind Licht. So danken wir*
*erneut, und wir sind Licht.*
*Gott heilt, und wir sind Leben.*

*Gott*

Notizen

Freitag **16.** September

---

---

---

---

---

---

Samstag **17.** September

---

---

Sonntag **18.** September

---

---

---

Montag **19.** September

Dienstag **20.** September

Introjekte sind Glaubenssätze, die positiv „hineingegeben" werden, wie:
Du bist gut, großartig, toll, die aber auch negativen Charater haben können, wie: Du bist eine Last, Du bist „dumm", Du genügst mir nicht, etc.
Wenn wir die falschen Introjekte lösen möchten, bitten wir beispielsweise Gott, sie an die Verursacher zurückzugeben, sie aus unserem Emotionszentrum zu lösen und zu heilen, und sie zu vernwandeln in die positiven Glaubenssätze, die wir auch durch Gott introjizieren.
Ägyptisch: Ba Ra Sekhem. Und wir danken Gott.

Introjekte

Notizen

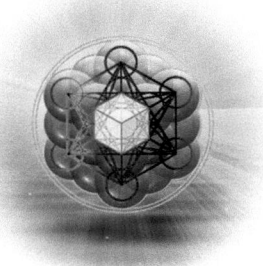

Mittwoch **21.** September

Donnerstag **22.** September

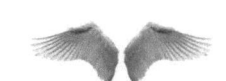

Freitag 23. September

Samstag 24. September

Sonntag 25. September

*Gott ist, und wir sind, die wir sind. Wir sind Leben und die Fülle Gottes, und wir sind Licht. Ba Ra Sekhem, um dies ägyptisch zu betonen.*

*Und wir bitten Gott, der wir in Wahrheit selbst sind, nun die Heilung unserer Dualitäten in uns erneut zu ermöglichen. Wir bitten: Gott, bitte heile mein Wunden aus Vorleben in mir. Bitte heile meinen Ba zur Einheit, damit ich tiefer mit Dir verbunden bin. Bitte lass mich Deine Liebe sein und diesen Planeten im Rahmen meiner Möglichkeiten heilen.*

*In Wahrheit sind wir unbegrenzt, und wir spüren die Liebe Gottes, sie heilt unsere Seele, unseren Ba, wir sind diese Seele und das Höchste Selbst, wir sind Licht. Und der Ba heilt. Er trägt zu einem gewissen Teil die Verletzungen aus Sterneleben, aus Vorleben auf diesem Planeten in sich, und auch Schocks und Traumen, die nun weichen im Licht der Einheit, und unser Licht strahlt.*

*Ba Ra Sekhem. Ba Ra Sekhem.*

*Und wir blicken in unsere Akasha. Unser Lebensbuch. Hat es goldene Seiten oder Stellen, die nicht heil sind (vielleicht aus Vor- oder Sternenleben)?*

*Bitten wir Gott und die Engel und Erzengel unser Lebensbuch zu heilen, und wir sind Licht.*

*Und alle Energieversöhnungen sind shcon erledigt und ent-schieden zum Licht (Seite 56).*

*Und die heilige Barke leuchtet und verbindet uns tiefer mit Gott, der wir in Wahrheit sind. Ba Ra Sekhem.*

Notizen

39. KW    26. September- 02. Oktober 2022

Montag 26. September

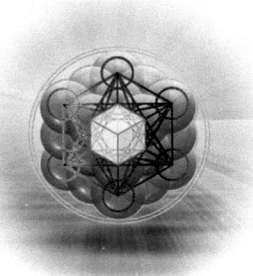

Dienstag 27. September

Mittwoch 28. September


Donnerstag 29. September

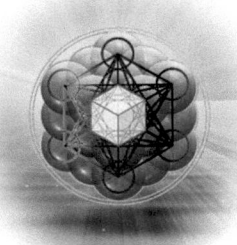

Wiederholungen von frühkindlichen Bin-
dungsproblematiken, Rollenmustern aus der
Kindheit, sowie traumatischen Erlebnissen
bilden, neben den „guten", genussvollen
Wiederholungen, die zentralen Elemente
im Rollenspiel der Psyche. Diese Abspeiche-
rungen sind gewissermaßen „neutral" und
meist unbewusst; sie reanimieren Szenen,
Glaubenssätze, Musterprobleme aus der
Kindheit neu mit anderen Akteuren, die
meist als solche (auch auf Seelenebene) zur
Verfügung stehen. Sie zu lösen, die wie ein
Uhrwerk funktionieren, ist z.B. durch wieder-
holtes Bitten an Gott und die Seele möglich.
*Bitte Gott, löse alle unbewussten Wiederho-*
*lungen und Bindungstörungen in mir. Berühre*
*mich im Herzen, entmustere meine innere*
*Mutter, meinen inneren Vater, so dass ich nicht*
*mehr reanimiere. Danke von Herzen.* Und unser
geheiltes Gehirn wird uns gereicht.

Wieder-
holung(en)

Notizen

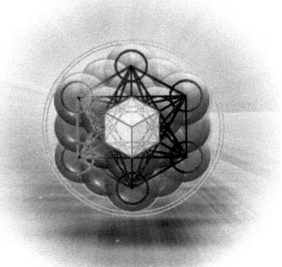

Freitag **30.** September

---

---

---

---

---

---

---

Samstag **01.** Oktober

---

---

Sonntag **02.** Oktober

---

---

Montag **03.** Oktober          Tag der Deutschen Einheit

Dienstag **04.** Oktober

*Spüren wir hinein und lassen alle Wut und Traurigkeit los.*
*Hierzu hilft es, auch unser Gottesbild zu heilen.*

*Gott, bitte löse alle übernommenen Glaubenssätze, die*
*ich selbst manchmal nicht erkenne. Lass mich Deine Liebe*
*spüren, und heile mein inneres Kind erneut. Ich bin Licht. Lass*
*mich alle „Psychosen", „Neurosen" bei mir spüren und wahr-*
*nehmen. Lass mich in tiefer Liebe und Demut ausschließlich*
*dem Licht und Gott, also Dir selber dienen. Ich bin, der ich*
*bin. Und ich bin Licht.*

*Alle Psychosen sind Illusionen, alle Bindungsstörungen sind*
*Illusionen, alle Neurosen sind Licht. Die Dunkelheit geht, und*
*wir sind, die wir sind.*
*Wir leben Bezogenheit und Liebe, und die Liebe Gottes heilt.*
*Und wir sind Licht.*
*Fühlen wir uns frei und geborgen?*
*Fühlen wir uns geliebt von Gott?*
*Wir stellen uns einmal Gott als Bild vor.*
*Wie sieht dies Bild aus?*
*Was sehen wir?*
*Ist Gott ein Mann? Oder eine Frau?*
*Ist sie oder er liebevoll, gütig, oder zornig, streng?*
*Spüren wir seine/ihre Liebe?*

Notizen

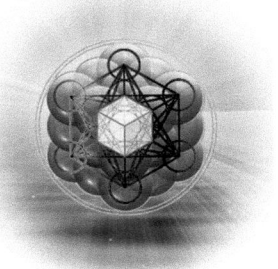

Mittwoch 05. Oktober

Donnerstag 06. Oktober

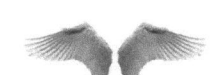

Freitag **07.** Oktober

Samstag **08.** Oktober

Sonntag **09.** Oktober

*Spüren wir erneut. Wie heilt es?*
*Durch Gott selber, der wir in Wahrheit sind.*
*Unser Gottesbild heilt.*
*Wir bitten Gott in tiefer Liebe und Demut um Frieden,*
*Glück, und Zufriedenheit, und dann sind wir dies: Liebe*
*und Frieden. Spürt die Liebe Gottes und sie heilt.*
*Dann sind wir rein und heil. Wir sind, die wir sind.*
*Alle Trennungen gehen in uns, alle Traurigkeit, auch die*
*übernommene, weicht, und wir sind Glück und Frieden.*
*Wir könnten auch sagen, dass wir die Elementale (die wie-*
*derkehrenden Gedankenmuster, die „dunkel", abgetrennt,*
*nicht in der Fülle und Angst oder Neurose sind) ablegen.*
*Gott, bitte lösche alle Elementale in mir.*
*Und wir sind Licht.*
*Spürt die Liebe Gottes und sie heilt erneut.*
*Ist unser Gottesbild nun geheilt und in Freude?*
*Spüren wir die Liebe, die wir in Wahrheit sind?*
*Und unsere Elementale weichen.*
*Wir sind Licht.*
*Wir danken den Engeln und Erzengeln und Gott selber,*
*den aufgestiegenen Meisterinnen und Meistern und wir*
*sind Licht.*

Notizen

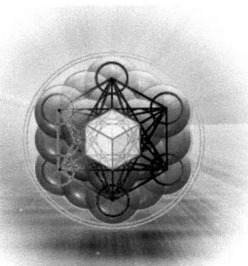

Montag 10. Oktober

Dienstag 11. Oktober

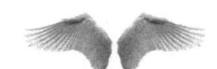

Mittwoch **12.** Oktober

Donnerstag **13.** Oktober

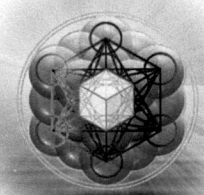

Bitte Gott, heile alle erlebte Ablehung
(für Wesensanteile in mir), bitte heile alle
Ablehnung, ide ich gegenüber Men-
schen, so dies der Fall ist, ihr verhalten,
ihre Ansichten habe, damit ich noch
höher aufsteige, denn ich bin frei, und in
Wahrheit gibt es nur Gott selber.
Sollte ich Abelhnung erlebt haben, so
bitte ich diese energetisch (auch in Form
von Selbstablehnung, Introjetkionen,
Abwehrmechanismen), in mir zu lösen.
Ich liebe mich, denn ich bin Licht, ich bin
Liebe, und ich bin, der oder das ich bin
Bewusstsein. Und ich bin Licht.
Ba Ra Sekhem, und ich bin Licht.
Danke von Herzen.

Ablehnung
heilen

Notizen

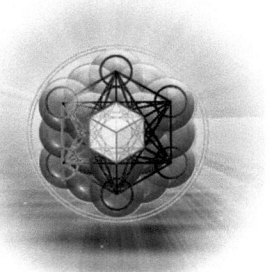

Freitag **14.** Oktober

Samstag **15.** Oktober

Sonntag **16.** Oktober

Montag **17.** Oktober

Dienstag **18.** Oktober

*Echte Tiefenpsychologie meint, dass wir die
Schrecken der Kindheit in uns verarbeiten und an die
Urwunde allen Seins gelangen. Sie meint, Mangel und
Gefühle der Abtrennung ertragen zu müssen. Aber sie
ist Licht, wenn dies Gottes Wille ist, und so bitten wir um
Heilung unsere Transzendenz.
Und ich bin Licht, dies dürfen wir sagen.
Und Gott ist unendliche Liebe und Gnade.
Und so sind wir Licht.
Wir spüren die Liebe Gottes, und sie heilt die Urwunde in
der Kindheit bereits.
Und wir spüren dies.*

Notizen

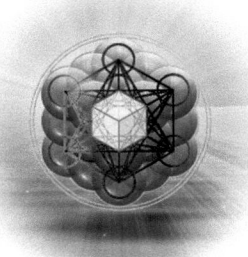

Mittwoch **19.** Oktober

Donnerstag **20.** Oktober

Freitag 21. Oktober

Samstag 22. Oktober

Sonntag 23. Oktober

# Heiler im Herzen

wie die aufgestiegenen Meister, Jesus Christus Sananda zum Beispiel, sind Vorbilder und helfen. Sie heilen Dein Herz, denn Du bist ein Heiler.
Ägyptisch: Ba Ra Sekhem.
Und die Liebe Gottes heilt.
Sie heilt die Herzen und das Gehirn.
Und wir sind Licht.
Wir sprechen:
*Ba Ra Sekhem. Und wir sind Licht.*
Gott ist, und wir sprechen: *Ich bin, der ich bin.*
*Ba Ra Sekhem.*

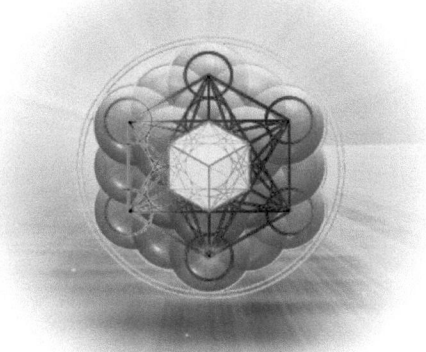

www.christian-huels.de

Notizen

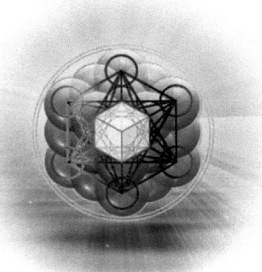

Montag **24.** Oktober

Dienstag **25.** Oktober

Mittwoch **26.** Oktober

Donnerstag **27.** Oktober

*Gott heilt, und wir sind Licht.*
*Wir dürfen Gott danken und Gott ist.*
*Gott heilt die Krone am Baum des Lebens, und wir sind*
*Licht.*
*Ba Ra Sekhem.*

*Merlin & Kuthumi*

Notizen

Freitag **28.** Oktober

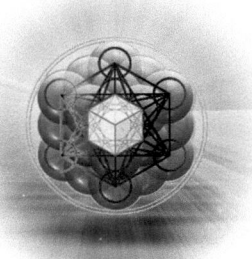

Samstag **29.** Oktober

**Sonntag 30. Oktober**          Ende der Sommerzeit

.

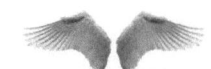

Montag **31.** Oktober          Reformationstag

Dienstag **01.** November          Allerheiligen

# Aufgestiegene Meister

wie Kuthumi, Serapis Bey, Merlin, St. Germain, Lady Nada, Jesus Sananda, Kuan Yin, helfen uns, wenn wir sie darum bitten. Und so bitten wir um die Unterstützung der Meister.

*Meister Kuthumi, bitte heile mein Herz,* kann eine Bitte lauten. Es wird lichtvoller, wenn Gottes Wille geschehe.

Diese Karte kann ein wahrer Segen sein.

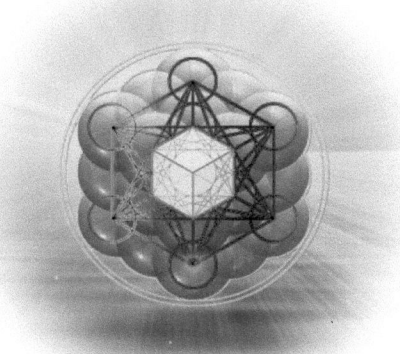

www.christian-huels.de

Notizen

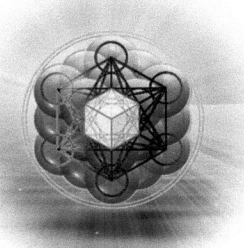

Mittwoch 02. November

Donnerstag 03. November

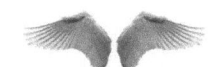

Freitag 04. November

Samstag 05. November

Sonntag 06. November

Ängste vor Nähe können durch Erzengel Gabriel und Mutter Maria gelöst werden. *Erzengel Gabriel und Mutter Maria, ich rufe Euch und bitte Euch, mich von allen Ängsten vor Nähe oder Zurückweisung (im Unbewussten) zu befreien. Ich bitte Euch in tiefer Liebe und Demut, meine Ängste und Neurosen zu heilen. Ich bin Licht, ich bin, der ich bin. Ba Ra Sekhem, um dies ägyptisch zu betonen. Ba Ra Sekhem, und ich bin Licht. Und meine Seele heilt.* Aus falsch beantworteten Wünschen nach Nähe oder Übergriffen, kann im Kind die Angst vor Nähe entstanden sein. *Sollten auch Vorleben eine Rolle spielen, bitte ich diese ebenso zu erlösen. Danke von Herzen. Und ich bin, der ich bin.*

Angst
vor Nähe/
Zurückweisung

Notizen

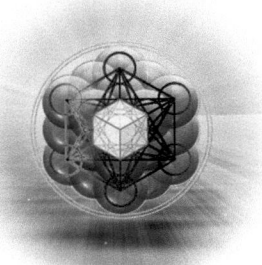

45. KW      07.- 13. November 2022

Montag 07. November

Dienstag 08. November

Mittwoch **09.** November

Donnerstag **10.** November

*Bitte sprich ganz liebevoll:*
*Ich bin Licht, ich bin Liebe, ich bin Wille und ich bin Gott*
*selber. Ich erlaube dies, denn ich bin Licht.*
*Ich bin Gott selber, und die Meister Kuthumi, St. Germain,*
*Lady Nada, die Göttin Isis, die Gottheit Seth, sowie Thoth,*
*den Licht-Horus, sie bitte ich, mich zu heilen.*
*Ba Ra Sekhem.*
*Und ich bin Licht.*
*Und mein Karma weicht erneut*
*Ba Ra Sekhem.*

*Ich danke Gott von ganzem Herzen, denn ich bin, der oder*
*die ich bin.*

*Sollte nun eine Rückführung angezeigt sein, folge ich dem*
*Link und spüre hinein, zum Beispiel durch folgende Bitte:*
*Gott, bitte erlaube mir nun, ein früheres Leben anzuschauen,*
*das mich in diesem blockiert, oder in dem ich anderen Leid*
*zufügte. Ich bin, der ich bin, und ich erlaube mir dies, denn*
*ich bin Licht. Ba Ra Sekhem.*
*Und Gott heilt.*

*www.christian-huels.de/rueckfuehrung.mp3*

Notizen

Alte Leben spielen meist eine größere Rolle. Wir können an Lernthemen, Muster und andere „schief gelaufene" Themen aus Vorleben anknüpfen.

Wir bitten Gott und die Engel, nun alle Vorleben, die für das Thema eine Rolle spielen, zu klären, zu heilen, uns aus allen Schocks und Traumen zu lösen, die Aura von Einschusslöchern und Verletzungen zu befreien und alle Dinge und Fähigkeiten zu integrieren, wir sind Licht. Wir können sprechen: *Ich bitte um Vergebung und vergebe für das, was ich in Vorleben tat oder unterließ. Ich bitte um eine Energieversöhnung, und ich bin Licht. Ich stelle alle Seelenanteile in mir her, und ich bin Licht. Ba Ra Sekhem, und ich bin, der ich bin. Ich bitte um Lösung aller Traumen und Schocks, und ich bin Licht. Ba Ra Sekhem.*

Alte
Leben

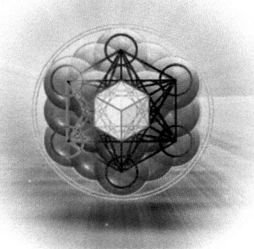

Freitag **11.** November

Samstag **12.** November

Sonntag **13.** November

Montag **14.** November

Dienstag **15.** November

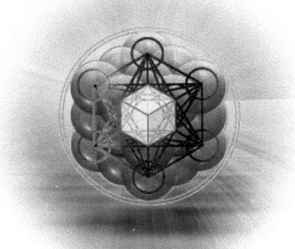

*Wenn wir „aufsteigen", erfahren wir Erlebnisse, die wir in der „Norma-
lität" unseres bisherigen Lebens und Alltags nicht in der Weise gespürt
hatten. Wir werden hellsichtig, klarsichtig, hellfühlig und -hörig. Wir
erleben die göttliche Urquelle, und sprechen aus weiser Perspektive aus
dieser Quelle, durchgegeben von ihr, Worte der Heilung & Transzendenz.*

*Ein Beispiel:*
*Ich bin das Ich-Bin-Bewusstsein und ich erlaube mir zu channeln in
der Reinheit des göttlichen Bewusstseins.*

*Alle Trennungen gehen, alle Treueeide gehen, denn ich bin, der ich bin.
Und ich bin Licht.*

*Und wenn ich mich ganz Gott öffne, dann klärt sich der Ba der
Trennung (ägyptisch für hohe Seele) zur Einheit erneut, denn wir sind
Leben.*

*Und alle Anteile in uns heilen und auch unsere Verletzungen des Füh-
lens, des Wahrhabens ziehen sich zu reiner Transzendenz zurück – wir
heilen alles in uns. Denn wir sind, die wir sind.*

*Und dann kann der Ba der Trennung in die Einheit, den Aufstieg,
gehoben werden.*

*Und Gott und Amun Ra sprechen erneut:*
*Wir sind Leben, wir sind, die wir sind.*

*Und wir erlauben uns selber zu leben, lieben, lachen im Licht der Ein-
heit, die wir in Wahrheit sind und nie verließen. Wir sind Leben.*

*Ankh – ägyptisch: Und der Sonnengott erleuchtet unser Gehirn.*

*Ba Ra Sekhem (Amun, ich bitte Dich meinen Geist, mein Höchstes
Selbst von nun an nur Licht, Liebe, Leben und Fülle in mir erleben zu
lassen.)* [Weiter auf S. 290]

Notizen

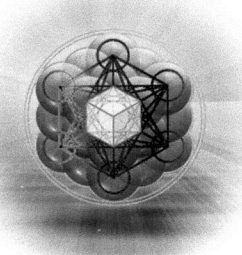

Mittwoch **16.** November

Donnerstag **17.** November

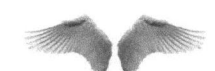

Freitag **18.** November

Samstag **19.** November

Sonntag **20.** November

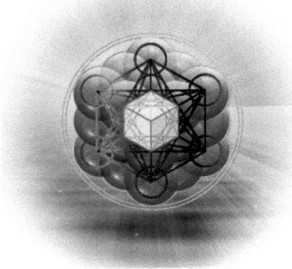

Und reine Transzendenz sieht dies vor.
So seid, und Ihr seid, die Ihr seid.
Ägyptisch: Ba Ra Sekhem – und Ankh (=Leben).
Und Amun Ra lässt die Sonnenbarke leuchten.
Und der ägyptische Gott der Weisheit – Thoth lässt den göttlichen
Menschen in uns erblühen.

Und wir bitten ägyptisch (oder deutsch: Nuk hekau, nuk hekau, nuk
hekau = Ich bin Macht, und ich lasse alle Dunkelheit los, ich vertreibe
alle Dunkelheit erneut).

Ba Ra Sekhem, und der Ka (der Lichtkörper der Trennung), er weicht.
Wir sind Licht, reines Bewusstsein und unser Körper heilt erneut, denn
wir sind Licht=Leben.
Und die Schlange des Lichtes heilt, sie ist unendliche Gnade und
„Führung" für den Lichtmenschen in uns. Und die Welt heilt, wenn wir
Amun darum bitten.
Wir können auch Gott und Amun Ra darum gleichzeitig bitten, denn
sie sind in einem All der Dualitäten eins. Und so wir. So bitten wir um
Heilung, Transzendenz, Macht und Schwingungserhöhung.
Erlaubnis erteilt, denn Gott ist allmächtig. Und so sind wir erleuchtet,
wenn wir dies zulassen und wünschen, denn wir sind Licht.
Und die heilige Barke leuchtet und löst Trennungen und Verletzungen
in uns und in der Welt, die unser Bewusstsein vorhält. Dies heißt, wir
können diese Welt durch unser Bewusstsein heilen.
Und wir sind Ba Ra Sekhem, und auch die Tiere heilen mit uns.
Ba Ra Sekhem, sie sind Licht, wie wir. [Weiter: S. 294]

Notizen

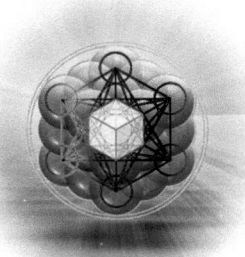

47. KW    21.- 27. November 2022

Montag 21. November

Dienstag 22. November

Mittwoch **23.** November

Donnerstag **24.** November

*Ba Ra Sekhem.*
*Lasst Euch fallen in die Arme Eurer Seele und seid, und Ihr seid, die Ihr seid.*

*Ba Ra Sekhem.*

*Und wenn Ihr spürt wie Eure Welt heilt, heilt Ihr den Teil in Euch und im Außen, wenn Ihr so wollt, den Ihr in die Liebe und Einheit transformiert. Und so bittet Gott, der oder die Euch unendlich liebt, darum. Ba Ra Sekhem, und Ihr seid, die Ihr seid. Und alle Dimensionen weichen. Ba Ra Sekhem.*

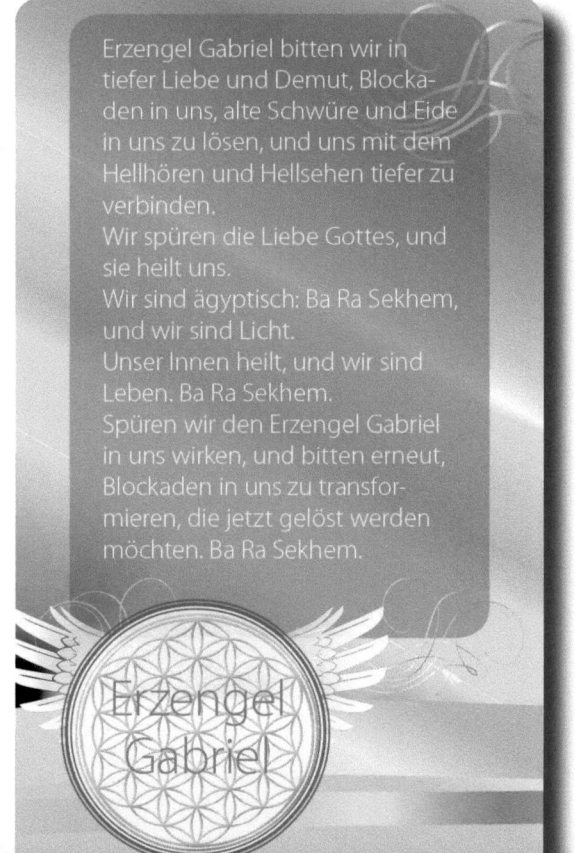

Erzengel Gabriel bitten wir in tiefer Liebe und Demut, Blockaden in uns, alte Schwüre und Eide in uns zu lösen, und uns mit dem Hellhören und Hellsehen tiefer zu verbinden.
Wir spüren die Liebe Gottes, und sie heilt uns.
Wir sind ägyptisch: Ba Ra Sekhem, und wir sind Licht.
Unser Innen heilt, und wir sind Leben. Ba Ra Sekhem.
Spüren wir den Erzengel Gabriel in uns wirken, und bitten erneut, Blockaden in uns zu transformieren, die jetzt gelöst werden möchten. Ba Ra Sekhem.

Erzengel
Gabriel

Notizen

Freitag **25.** November

Samstag **26.** November

**Sonntag 27. November**          1. Advent

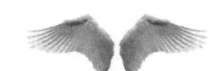

Montag **28.** November

Dienstag **29.** November

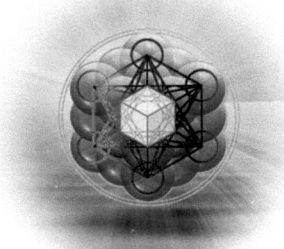

Wir alle sind Gott, und dies ist keine „Anmaßung", denn das All ist eins, es ist Glanz, Licht und Liebe. Es reagiert auf unsere Sorgen, Ängste und Nöte, wie auf unsere Freude und unser Glück. Wir sind alle miteinander Gott selber. So spricht Gott durch mich und andere Medien und spricht mit sich selber – er redet zu Herzen, zum Verstand und „nutzt" unsere Hände, unsere Ohren und Beine, unsere Münder und Körper, denn wir sind alle Gott selber. Gott spricht durch die Engel und Erzengel, damit dies Spiel die Würde und Tiefe erlangt, die wir ihm geben. Und wir sind in Wahrheit ständig mit Allem verbunden. Und so steigen wir selber, wenn wir uns ganz dem Aufstieg widmen. Wir sind Gott selber. So spielen wir oft „Theater" vor anderen, ohne zu wissen, dass die Seelen, die bereits sehr hoch schwingen, dies Schauspiel klar erkennen und „ausnützen", um uns unsere Lernthemen zu spiegeln, denn wir ernten, was wir säen. So unter anderem unsere vielleicht auch negativen Energien, die wir dem anderen (Gott selber) senden. Gott spricht mit sich selbst, wenn er sich in seinen Unterscheidungen erlebt, und so fühlt er oder sie, wie es ist, ein Mensch zu sein, ein
Verstand, ein Gedächtnis, darauf zu fußen, darauf beruhend Entscheidungen zu treffen, sich selbst ganz zu lieben – und am anderen Pol der Dualitäten sich aufzugeben oder gar zu hassen.

Es ist ein Wimpernschlag im All der Dualitäten, das Leben zu spüren. Es ist dennoch für uns manches mal „anstrengend" oder scheinbar mit Hindernissen verbunden. Wie kann dies sein, da wir Gott selbst sind? Wir sind, die wir sind. Und Gott entscheidet durch den karmischen Rat, der auf tiefer Ebene eine Illusion ist, wer wann auf der höchsten Schöpfungsinstanz entscheidet. So wird einigen Menschen erst nach und nach das „Tuch der Trennung" weggezogen, das dies Spiel in Gang

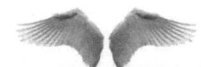

Notizen

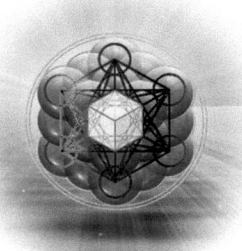

Mittwoch **30.** November

Donnerstag **01.** Dezember

Freitag 02. Dezember

Samstag 03. Dezember

Sonntag 04. Dezember

hält. Hierbei schöpfen wir durch Aufstiegsprozesse unser Leben mit. Denn aus höchster Perspektive sind wir reines Bewusstsein. Und wir lösen alle Trennungen in uns, wenn wir Gott und den Schöpfer aller Universen und mehr, die höchste Schöpfungsinstanz, darum bitten, den Aufstieg in uns zu beschleunigen. Und dies dürft Ihr tun.

Bittet ganz im Vertrauen:

Gott erlaube mir, mein altes Karma abzustreifen wie ein altes Gewand und von nun an mitzuwirken an Deiner Schöpfung, denn sie ist unendliche Liebe und Gnade, und bitte lass mich aufsteigen in mein hohes Bewusstsein der Einheit.

Denn dann gehen die Trennungen.

Und wir sind Licht=Liebe und Leben.

Ägyptisch: Ba Ra Sekhem.

Und ich erlaube mir selber, Aufstieg zu sein.

Ich transzendiere alle Gewänder der Dunkelheit in mir, und ich bin Licht.

Ba Ra Sekhem.

Und die alten Gewänder gehen, reines Bewusstsein ist.

Ba Ra Sekhem.

Wir sind Licht.

Und ich erlaube mir selbst, reiner Kanal zu sein (für Gott selber, der ich in Wahrheit bin).

Und Gott spricht erneut: Ihr seid, die Ihr seid.

Und Ihr seid Leben.

Und Eure Anteile heilen, und ich bin Licht.

Spürt die Liebe Gottes, und Ihr heilt im Licht der Einheit.

Und ich bin Leben.

Und höchstes Schöpfungswissen.

Und ich erlaube allen Blaupausen zu weichen, und in Euch ist Licht = Leben.

Und wir sind Leben.

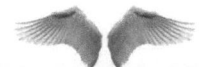

Notizen

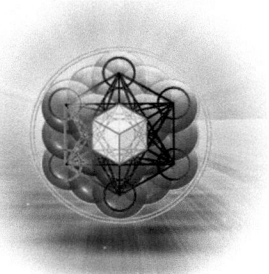

## Montag 05. Dezember

## Dienstag 06. Dezember

Mittwoch 07. Dezember

Donnerstag 08. Dezember

*Ba Ra Sekhem.*
*Merlin, der aufgestiegene Meister reicht Euch die Hand.*
*Und ebenso Kuthumi. Maha Chohan – der goldene Strahl leuchtet.*
*Und die Weisheit und das Wissen des All-Einen, es wird Euch zuteil,*
*wenn Ihr aufsteigt.*
*Und ich bin, der ich bin. Dies dürft Ihr sprechen.*
*Ba Ra Sekhem. Und die Erde ist Licht.*
*Und Irh seid Gott selber.*

Der Ruhm Gottes, leuchtende Gnade Gottes. Erzengel Haniel unterstützt uns, unsere Spiritualität in Liebe zu leben, und die Gnade Gottes bedeutet, sich ganz dem Licht und der Seele zu widmen, innere Blockaden zu lösen, die mit verdeckten Gefühlen zusammenhängen oder in Vorleben getzt wurden. Wir bitten Erzengel Haniel, uns seine Größe zu zeigen. Und wie groß erleben wir ihn, wie groß sind wir im Verhältnis zu ihm? Sind wir in unserem inneren Licht gefestigt? Dann sollten wir in etwa gleich groß mit dem Erzengel erscheinen, und unser Licht leuchten lassen, Lassen wir dies zu und Gottes Sieg in uns wird uns heilen.

Erzengel Haniel

Notizen

Freitag **09.** Dezember

Samstag **10.** Dezember

Sonntag **11.** Dezember

Montag 12. Dezember

Dienstag 13. Dezember

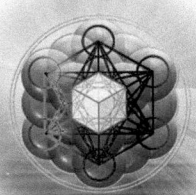

Erzengel Michael heilt. Wir
können ihn bitten, alle Seelenverträge und Verstrickungen mit
allen Seelen in allen Leben nun zu
lösen, wenn dies Gottes Wille ist.
Der Erzengel Michael befreit uns,
und wir bitten ihn darum. Gott
und Erzengel Michael, bitte heilt
meine Seele von allen „Abtren-
nungen" und Verstrickungen, und
ich bin Licht, ich bin Liebe, ich bin,
der ich bin. Gott, bitte löse mich
aus allen Verstrickungen mit den
Seelen, die jetzt gelöst werden
dürfen. Und ich bin Leben. Ankh.
Und ich bin Licht. Danke von Herzen Gott & Erzengel Michael.

## Erzengel Michael

Stichwort:
Energieversöhnung

Notizen

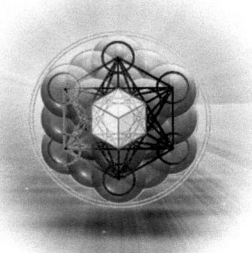

Mittwoch **14.** Dezember

Donnerstag **15.** Dezember

Freitag **16.** Dezember

Samstag **17.** Dezember

**Sonntag 18. Dezember**          4. Advent

## Goldenes Atlantis

*Zu Zeiten von Altantis war die Einheit in uns selbst zu erleben. Das heißt, wir waren mit Gott in uns stark verunden, wir spür- ten das Höchste Selbst, und verkörperten Eins-Sein. Die Liebe zu Gott war unermesslich. Wir können dies spüren, sobald wir Gott bitten, unser drittes Auge zu öffnen. Wenn wir darüber meditieren, spüren wir die Liebe Gottes, spüren wir die Reinheit unseres dritten Auges und spüren Atlantis, das in uns wieder entstehen möchte. Dazu dient diese Affirmation: Gott, bitte lasse das goldene Atlantis in mir entstehen. Denn ich bin Licht. Spüren wir erneut, wo wir die Lernthemen in dieser Inkarnation haben und erleben. Gott heilt, und wir sind, die wir sind. Wir spüren die Liebe Gottes und die Affirmation wirkt – auch im dritten Auge, auch in den höchsten Chakren. Spüren Sie, welchen Sanftmut das wahre Atlantis beinhaltet. Es entstehe aufs Neue.*

Notizen

*Ich bin, der ich bin. Und ich bin Licht, ich bin Liebe, ich bin Wille und Weisheit, ich bin Leben, und die Erde ist Licht. Ich löse alle „Erdgebundenheit" in mir, und ich bin Ba Ra Sekhem, und ich bitte den Meister Kuthumi, sowie den Maha Chohan, mich nun zu unterstützen, alle früheren Leben in mir zu heilen und zu klären, sowie die Sternenleben, die blockieren, und ich bin Licht, Ba Ra Sekhem.*

*Wir spüren den Prozess in uns und bitten in tiefer Liebe um Vergebung für früheren Leben und gleichzeitig lösen die Erzengel Michael, Raphael, Metatron, Gabriel und Sandalphon die Verstrickungen mit anderen und integrieren in uns die Einheit. Ba Ra Sekhem, und wir danken Gott und den Erzengeln & Engeln. Ba Ra Sekhem.*

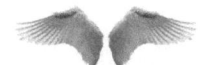

Montag **19.** Dezember

Dienstag **20.** Dezember

Wir spüren die Liebe Gottes, und sie heilt. Sie heilt unseren Ba. Und wir sprechen: Gott, bitte heile meine Trennungen und Trennlinien, und ich bin Licht. Lass mich Deine Liebe sein, und ich bin Licht. Und ich spüre dies. Ich bin, der ich bin. Und Gott ist. Und so lösen wir alle Verstrickungen erneut, die wir jemals erzeugt haben, und wir sind Licht. Ba Ra Sekhem.

Und die Erde ist Licht, und in Wahrheit ist sie eine Illusion, und wir sind Licht. Ba Ra Sekhem. Und wir sind Leben. Ankh, und die Hieroglyphe leuchtet in uns. Ba Ra Sekhem.

Notizen

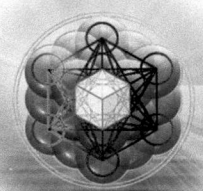

Sobald wir anderen „die Schuld" an eigenem Versagen und Scheitern geben oder andere verantwortlich machen für unser Glück, können wir von Externalisierungen sprechen.

Auch die Idee, dass Frauen für die Gefühle, Männer für das „Rationale" zuständig seien, wäre eine reine Externalisierung. Denn sobald wir uns unseren wahren Gefühlen widmen (der Einheit von Allem mit Allem und mit Gott), entsteht keine Abtrennung in uns.

*Gott, bitte erlöse alle Externalisierung, alle damit zusammenängenden Rollenmuster und Rollenspiele in mir und in Beteiligten. Ich bin frei, ewig frei, und ich bin Licht.*

Ba Ra Sekhem, und alle Externailisierung, auch an Gott, der in uns ist, weicht. Ba Ra Sekhem.

Externalisierung

Mittwoch **21.** Dezember

Donnerstag **22.** Dezember

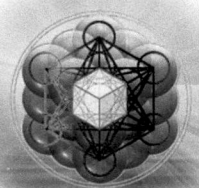

Freude ist eine hohe Energie. Wenn wir Dinge tun, die wir lieben, wenn wir Zeit mit geliebten Menschen verbringen oder einem Haustier, stellt sie sich fast automatisch ein. So wir ihr nicht genug Raum geben, bitten wir Gott und die Engel um Hilfe, in uns wahre Freude am Sein zu integrieren, alle Hemmnisse anzuschauen und zu heilen (ob aus der Kindheit, aus Vorleben oder Sternenleben, in denen wir vielleicht Leid antaten oder Opfer von Traumen, Magien und Folter waren). Bitten wir Gott um Hilfe, um dies nun zu lösen. Und ich bin Licht, dies dürfen wir sagen. *Bitte Gott, erlaube mir Freude und Glück zu sein und zu fühlen. ich bin Licht, Ba Ra Sekhem. Und ich danke Dir von Herzen.*

Freude
leben

Freitag **23.** Dezember

Samstag **24.** Dezember          Heiligabend

Sonntag **25.** Dezember          1. Weihnachtstag

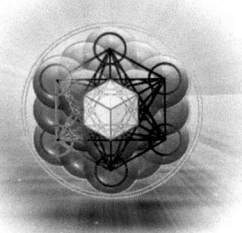

Ich diene nur Gott und dem Licht.
Dies heißt, sich ganz auf die Liebe
Gottes einzuschwingen.
Und wir sind dies, und wir können
sprechen:
*Ich diene nur Gott und dem Licht.*
*Ich bin Licht, und ich bin, der ich bin.*
*Und ich bin Ba Ra Sekhem, und die Erde,*
*die einst der Erfahrung der Trennung*
*diente, sie ist Licht, und ich bin, der ich*
*bin.*
Ba Ra Sekhem, und ich diene nur Gott
und dem Licht. Die Erfahrung der
Dunkelheit weicht. Ba Ra Sekhem und
Nuk Hekau.

Ich diene
dem Licht

## Montag **26.** Dezember            2. Weihnachtstag

Dienstag 27. Dezember

Unser inneres Kind heilt. Wir bitten alle inneren Kinder, auch die nicht geheilten, jetzt „hinter unserem Rücken" nach vorne zu treten. Sind auch „wütende" Kinder da? Lassen wir sie ebensfalls nach vorne treten. Wir bitten Gott und die Erzengel nun um Untersützung, diesen Kindern zu helfen, ihnen Liebe und Frieden, Halt und Schutz zu geben. Wir sind Licht. *Gott, bitte heile meine inneren Kinder, lass mich Deine Liebe spüren, lass alle falschen Selbstbilder nun gehen. Lass mein inneres Kind strahlen, und auch aller Stress weicht, den ich erlebt habe, alle Schuldgefühle, nicht gut zu sein ebenso. Wir können sprechen: dieser „Schmerz" ist nicht meiner. Mein inneres Kind legt ihn in die Hände Gottes. Und ich bin Licht. Ba Ra Sekhem, und die Engel und Erzengel, wie Haniel und Raphael wirken.* Danke von Herzen.

Inneres Kind

Mittwoch **28.** Dezember

Donnerstag **29.** Dezember

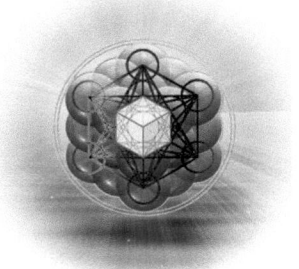

*Euer Seelenatem heilt.*
*Und Ihr seid Licht.*
*Ba Ra Sekhem.*

*Von Seele zu Seele –*
*Namasté.*

www.christian-huels.de

Ich danke den Seelen, die mich begleiten,
meinen Eltern, meinen Ahnen,
meinen Freunden.
Fühlt Euch herzlich umarmt.

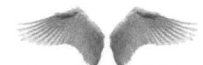

Freitag 30. Dezember

Samstag 31. Dezember                    Silvester

Sonntag 01. Januar                       Neujahrstag

*Wir danken Gott selber und sprechen: Gott, bitte lenke Du, lass mich Deine Weisheit und Liebe spüren und verkörpern, lass mich Deine Liebe sein, und ich bin Licht.*

*In diesem Leben wähle ich das Licht und den Aufstieg, und ich bin dies.*

*Ba Ra Sekhem. Und ich bitte Dich, mein 3. Auge erneut zu heilen aus allen Inkarnationen.*

*Und ich bin Licht. Ich bitte auch Jesus Sananda, meinen Aufstieg zu begleiten und mein Herz zu heilen, und ich bin Licht, Ba Ra Sekhem, um dies erneut zu betonen.*
*Ba Ra Sekhem.*

## Alles ist Licht.

*Gott selber*